AF568010

KUCHEN *Klassiker* VEGAN *backen*

Schmecken wie das Original

KATI NEUDERT

KUCHEN *Klassiker* VEGAN *backen*

50 REZEPTE FÜR KUCHEN, TORTEN, TARTES UND MEHR

EIN BUCH DER
EDITION MICHAEL FISCHER

INHALT

VORWORT

Immer mehr Menschen folgen – konsequent oder phasenweise – einer veganen Lebensweise: Sie vermeiden nicht nur Fleisch und Fisch, sondern auch alle anderen tierischen Produkte wie Eier, Milch, Butter, Käse oder Honig. Die Motivationen sind vielfältig und reichen von Lebensmittelunverträglichkeiten über die Absicht, Körpergewicht, Blutdruck und Cholesterinspiegel auf einem gesünderen Level zu halten, bis zur Tierliebe und dem grundsätzlichen Bedürfnis, der in vielerlei Hinsicht schädlichen Lebensmittelindustrie den Rücken zu kehren, die hinter der Herstellung tierischer Produkte steht.

Für mich persönlich bedeutet Veganismus in allererster Linie Respekt vor dem Leben und die Möglichkeit, reinen Gewissens zu genießen.

Heute ist es einfacher denn je, die eigene Ernährung flexibel zu gestalten; sogar „normale" Supermärkte nehmen immer mehr vegane Produkte in ihr Sortiment auf. Dennoch schrecken viele Menschen vor einer Ernährungsumstellung zurück, aus Angst, auf ihre Lieblingsspeisen verzichten zu müssen.

In diesem Buch möchte ich meine Erfahrungen mit Ihnen teilen und zeigen, dass man auch ohne viel Aufwand köstlich und facettenreich vegan backen kann. Als Grundlage habe ich bewusst klassische Backrezepte gewählt und so „veganisiert", dass die neu entstandenen Varianten sehr ähnlich aussehen und schmecken wie die bekannten und geliebten Originale. Hier ist für jeden Geschmack und jeden süßen Gaumen etwas dabei.

Viel Spaß beim Nachbacken, Experimentieren und Genießen!

Flour

GRUND
Rezepte

HEFETEIG

 20 Min. (+ 80 Min. Wartezeit)

 Menge je nach Rezept

ZUTATEN

Mehl (Type 405)
Sojadrink
frische Hefe
Zucker
1 Prise Salz
zimmerwarme vegane Margarine

ZUBEREITUNG

Für den Hefeteig das Mehl sieben, aufhäufen und eine Mulde in die Mitte drücken.

Den Sojadrink leicht erwärmen und die Hefe unter Rühren darin auflösen. Der Sojadrink muss mindestens zimmerwarm sein, damit die Hefe besser arbeitet; er darf aber maximal 45 °C warm sein, sonst sterben die Hefepilze ab.

Die Flüssigkeit mit 1 EL Zucker in die Mehlmulde geben und mithilfe eines Kochlöffelstiels mit etwas Mehl zu einem dicken Brei verrühren.

Die Margarine in feine Flöckchen schneiden. Den übrigen Zucker, das Salz und Margarineflöckchen auf dem Rand des Mehls verteilen.

Mit einem Tuch abdecken und etwa 20 Minuten an einem warmen Ort ruhen lassen.

Sobald der Hefebrei Bläschen schlägt, die Masse (ggf. unter Zugabe von Öl) mit einer Küchenmaschine, einem elektrischen Handrührgerät mit Knethaken oder mit den Händen zu einem festen, aber geschmeidigen Teig verarbeiten. Der Teig muss sich vom Arbeitsgerät oder den Händen lösen.

Die Schüssel mit dem fertigen Teig abermals mit einem Tuch abdecken und an einem warmen Ort etwa 1 Stunde gehen lassen, bis sich die Masse deutlich vergrößert, möglichst verdoppelt hat.

Nun ist der Hefeteig zur Weiterverarbeitung je nach Rezept bereit.

PLUNDERTEIG

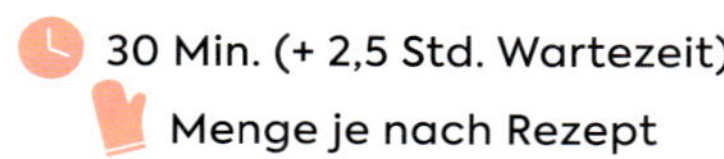

ZUTATEN

GRUNDTEIG

20 g frische Hefe
125 ml zimmerwarmer Sojadrink
250 g Mehl (Type 405)
40 g Zucker
1 Prise Salz
25 g zimmerwarme vegane Margarine
1 TL neutrales Pflanzenöl

ZIEHMARGARINE

20 g Mehl (Type 405)
100 g zimmerwarme vegane Margarine

AUSSERDEM

Mehl für die Arbeitsfläche

ZUBEREITUNG

Für den Grundteig zunächst die Hefe mit dem Sojadrink (er muss zimmerwarm sein!) glatt rühren. Alle Zutaten mit den Händen zu einem geschmeidigen Hefeteig verkneten (siehe S. 10), diesen fest in Frischhaltefolie wickeln und 1 Stunde im Kühlschrank ruhen lassen.

Für die Ziehmargarine Mehl und Margarine in einer kleinen Schüssel gründlich vermengen und ebenfalls 1 Stunde in den Kühlschrank stellen. (Hefeteig und Margarine sollten dieselbe Festigkeit haben.) Ziehmargarine herausnehmen und zwischen zwei Lagen Frischhaltefolie zu einem 8 x 12 cm großen Rechteck ausrollen.

Den Grundteig auf einer bemehlten Arbeitsfläche zu einem Rechteck von 20 x 28 cm ausrollen, ggf. die Ränder abschneiden. Ziehmargarine auflegen, den Teig umklappen, die Ränder gut andrücken. Vorsichtig auf eine Größe von etwa 30 x 15 cm ausrollen.

Für die „einfache Tour“ die rechte Seite des Teigstücks zu zwei Dritteln einschlagen, die linke Seite darüberklappen. Wieder auf eine Größe von 30 x 15 cm ausrollen.

Nun für die „doppelte Tour“ die rechte und die linke Seite bis jeweils zur Mitte des Teigstücks klappen, dann zusammenfalten. Den Teig fest in Frischhaltefolie gewickelt 1 Stunde im Kühlschrank ruhen lassen.

Den Teig ausrollen und ihm erneut eine „einfache“ und eine „doppelte Tour“ geben. 30 Minuten im Kühlschrank ruhen lassen. Nun kann er weiterverarbeitet werden.

Tipp

Optimal verarbeitet ist Plunderteig, wenn beim Ausrollen kein Fett austritt. Passiert dies dennoch, geht er etwas weniger auf, schmeckt aber trotzdem!

KEKSE

20 Min. (+ 17 Min. Backen + 40 Min. Wartezeit)

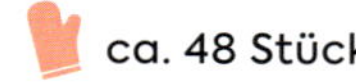

ca. 48 Stück

ZUTATEN

275 g Mehl (Type 405)
70 g Zucker
1 Prise Salz
1–2 Msp. Gewürze nach Geschmack (z. B. im Advent Spekulatius- oder Lebkuchengewürz)
130 g zimmerwarme vegane Margarine

AUSSERDEM

Mehl für die Arbeitsfläche
Keksausstecher (ca. 5 x 5 cm)

ZUBEREITUNG

Für den Teig alle Zutaten sowie 60 ml Wasser miteinander verkneten. In Klarsichtfolie wickeln und 30 Minuten im Kühlschrank ruhen lassen.

Den Backofen auf 200 °C (Ober-/Unterhitze) vorheizen. Das Backblech mit Backpapier auslegen.

Den Teig auf einer bemehlten Arbeitsfläche etwa 3–4 mm dick ausrollen. Mit dem Ausstecher Kekse ausstechen und auf das Backblech legen.

Die Kekse im heißen Ofen (Mitte) etwa 17 Minuten backen. Aus dem Ofen nehmen und 10–15 Minuten abkühlen lassen, dann weiterverarbeiten oder naschen.

Tipp

Für Kekse mit Kaffeegeschmack, die zum Beispiel prima zur „Kalten Schnauze" auf S. 66 passen, ersetzen Sie das Wasser durch starken Kaffee.

Rezepte

ZWETSCHGEN-KUCHEN

40 Min. (+ 30 Min. Backen + 1,5 Std. Wartezeit)
1 Backblech (ca. 31 x 38 cm)

ZUTATEN

BODEN
300 g Mehl (Type 405)
90 ml Sojadrink
15 g frische Hefe
60 g Zucker
Salz
75 g zimmerwarme vegane Margarine
1 EL neutrales Pflanzenöl

BELAG
800–1000 g Zwetschgen
40 g vegane Margarine
60 g Paniermehl

STREUSEL
150 g Mehl (Type 405)
100 g Zucker
100 g zimmerwarme vegane Margarine
gemahlener Zimt

AUSSERDEM
vegane Margarine und Paniermehl für das Backblech
Mehl für die Arbeitsfläche
Puderzucker zum Bestäuben

ZUBEREITUNG

Für den Kuchenboden aus Mehl, Sojadrink, Hefe, Zucker, 1 Prise Salz, Margarine und Öl einen Hefeteig herstellen (siehe S. 10) und 1 Stunde gehen lassen.

Für den Belag die Zwetschgen waschen, halbieren, entsteinen und in einem Sieb abtropfen lassen.

Den Backofen auf 200 °C (Ober-/Unterhitze) vorheizen. Das Backblech einfetten und mit Paniermehl bestreuen (oder mit Backpapier auslegen).

Den Hefeteig auf einer bemehlten Arbeitsfläche ausrollen, bis er die Größe des Blechs hat. Das Blech damit auskleiden und mit einer Gabel Löcher in den Teig stechen.

Für den Belag die Margarine zerlassen und gleichmäßig auf den Teig träufeln. Das Paniermehl darüberstreuen. Die Zwetschgen mit der Öffnung nach oben auf dem Teig verteilen.

Den Streuselteig aus Mehl, Zucker, Margarine und Zimt nach Geschmack kneten. Gleichmäßig über die Zwetschgen zupfen.

Den Kuchen im heißen Ofen (Mitte) 30 Minuten backen. Aus dem Ofen nehmen und an einem kühlen Ort mindestens 30 Minuten erkalten lassen. Mit Puderzucker bestäuben.

BIRNENKUCHEN FLORENTINER ART

40 Min. (+ 30 Min. Backen + 1,5 Std. Wartezeit)

1 Backblech (31 x 38 cm)

ZUTATEN

BODEN

300 g Mehl (Type 405)
80 ml Sojadrink
15 g frische Hefe
60 g Zucker
Salz
75 g vegane Margarine
1 EL neutrales Pflanzenöl (z. B. Rapsöl)

BELAG

2 EL Paniermehl
8 kleine, saftige Birnen
2 EL frisch gepresster Zitronensaft
1 EL Zucker

MANDELMASSE

100 g vegane Margarine
100 g Agavendicksaft
2 EL Sojacreme Cuisine
100 g Mandelblättchen

AUSSERDEM

Mehl für die Arbeitsfläche
vegane Margarine und Paniermehl für das Backblech

ZUBEREITUNG

Für den Kuchenboden aus Mehl, Sojadrink, Hefe, Zucker, 1 Prise Salz, Margarine und Öl einen Hefeteig herstellen (siehe S. 10) und 1 Stunde gehen lassen.

Den Backofen auf 180 °C (Ober-/Unterhitze) vorheizen. Das Backblech einfetten und mit Paniermehl bestreuen (oder mit Backpapier auslegen).

Den Hefeteig auf einer bemehlten Arbeitsfläche ausrollen, bis er die Größe des Blechs hat. Das Blech damit auskleiden und mit Paniermehl bestreuen.

Für den Belag die Birnen schälen, putzen und achteln; sehr reife Birnen ein wenig abtropfen lassen. Zitronensaft und Zucker verrühren und die Birnen darin wälzen, damit sie nicht braun werden.

Für die Mandelmasse Margarine, Agavendicksaft und Sojacreme in einem Topf zum Kochen bringen. Die Mandeln dazugeben und alles nochmals kurz aufkochen.

Die Birnen auf dem Hefeteig verteilen. Die Mandelmasse darübergeben; dabei vor allem die Zwischenräume füllen. Den Birnenkuchen im heißen Ofen (Mitte) etwa 20 Minuten backen. Dann mit Alufolie abdecken, damit er nicht zu dunkel wird, und weitere 10 Minuten backen. Aus dem Ofen nehmen, abkühlen lassen und in Stücke schneiden.

GEFÜLLTER STREUSELKUCHEN

40 Min. (+ 25 Min. Backen + 2 Std. Wartezeit)
1 Backblech (31 x 38 cm)

ZUTATEN

BODEN

300 g Mehl (Type 405)
80 ml Sojadrink
15 g frische Hefe
60 g Zucker
Salz
75 g zimmerwarme vegane Margarine
1 EL neutrales Pflanzenöl

FÜLLUNG

400 ml Sojadrink
1 Pck. veganes Vanillepuddingpulver
40 g Zucker

STREUSEL

400 g Mehl (Type 405)
200 g Zucker
290 g zimmerwarme vegane Margarine

AUSSERDEM

vegane Margarine und Paniermehl für das Backblech
Mehl für die Arbeitsfläche
Puderzucker zum Bestäuben

ZUBEREITUNG

Für den Kuchenboden aus Mehl, Sojadrink, Hefe, Zucker, 1 Prise Salz, Margarine und Öl einen Hefeteig herstellen (siehe S. 10) und 1 Stunde gehen lassen.

Für die Füllung einen Pudding mit reduzierter Flüssigkeit (400 ml Sojadrink) nach Packungsangabe zubereiten. Mindestens 1½ Stunden abkühlen lassen, dabei gelegentlich umrühren.

Den Backofen auf 200 °C (Ober-/Unterhitze) vorheizen. Das Backblech einfetten und mit Paniermehl bestreuen.

Für den Streuselteig Mehl, Zucker und 220 g Margarine miteinander verkneten.

Den Hefeteig auf einer bemehlten Arbeitsfläche ausrollen, bis er die Größe des Blechs hat. Das Blech damit auskleiden, mit einer Gabel Löcher in den Teig stechen. Den Pudding daraufstreichen, den Streuselteig darüberzupfen.

Den Kuchen im heißen Ofen (Mitte) 25 Minuten backen. Herausnehmen und mindestens 45 Minuten abkühlen lassen.

Die restliche Margarine (70 g) zerlassen und den Kuchen mit einem Pinsel damit bestreichen. Mit Puderzucker bestäuben.

APFELMUSKUCHEN

1 Std. (+ 45 Min. Backen + 1 Std. Wartezeit)

1 Backblech (31 x 38 cm)

ZUTATEN

BODEN

300 g Mehl (Type 405)
100 ml Sojadrink
15 g frische Hefe
70 g Zucker | Salz
60 g zimmerwarme vegane Margarine
2 EL neutrales Pflanzenöl

BELAG

700 g veganes Apfelmus
80 g Weichweizengrieß
125 g + 2 EL Zucker
½ TL gemahlener Zimt
1 Pck. veganes Vanillepuddingpulver
6 EL Sojadrink
130 g zimmerwarme vegane Margarine
500 g Soja-Joghurtalternative (Vanille)

STREUSEL

180 g Mehl (Type 405)
100 g Zucker
100 g zimmerwarme vegane Margarine

AUSSERDEM

vegane Margarine und Paniermehl für das Backblech
Mehl für die Arbeitsfläche
Puderzucker zum Bestäuben

ZUBEREITUNG

Für den Kuchenboden aus Mehl, Sojadrink, Hefe, Zucker, 1 Prise Salz, Margarine und Öl einen Hefeteig herstellen (siehe S. 10) und 1 Stunde gehen lassen.

Für den Belag das Apfelmus in einem Topf aufkochen. Grieß, 2 EL Zucker und Zimt einrühren, den Topf von der Kochstelle nehmen und 15–20 Minuten ruhen lassen.

Den Backofen auf 180 °C (Ober-/Unterhitze) vorheizen. Das Backblech einfetten und mit Paniermehl bestreuen (oder mit Backpapier auslegen).

Für die Vanillecreme das Puddingpulver mit dem Sojadrink verrühren. Margarine und 125 g Zucker zufügen und mit dem elektrischen Handrührgerät glatt rühren. Zuletzt den Sojajoghurt untermengen.

Für den Streuselteig alle Zutaten mit den Händen verkneten.

Den Hefeteig auf einer bemehlten Arbeitsfläche ausrollen, bis er die Größe des Blechs hat. Das Blech damit auskleiden, die Ränder gut andrücken. Die Apfelmasse bis zum Rand daraufstreichen, damit die Vanillecreme nicht durchlaufen kann. Die Vanillecreme auf den Belag gießen und glatt streichen, dann den Streuselteig darüberzupfen.

Den Kuchen im heißen Ofen (Mitte) 45 Minuten backen. Aus dem Ofen nehmen und warm genießen oder erkalten lassen. Vor dem Servieren nach Belieben mit Puderzucker bestäuben.

POLNISCHER MOHNSTRUDEL

 40 Min. (+ 35 Min. Backen + 1,5 Std. Wartezeit)

 1 Strudel

ZUTATEN

FÜLLUNG

25 g Rosinen
2 cl Rum (alternativ Sojadrink)
200 ml Sojadrink
½ Pck. veganes Schokopuddingpulver
90 g Zucker
100 g gemahlener Mohn
25 g gemahlene Mandeln
75 g Soja-Joghurtalternative
gemahlener Zimt

TEIG

280 g Mehl (Type 405)
75 ml Sojadrink
20 g frische Hefe
65 g Zucker
Salz
65 g vegane Margarine
2 EL neutrales Pflanzenöl (z. B. Rapsöl)

AUSSERDEM

Mehl für die Arbeitsfläche
vegane Margarine und Paniermehl für das Backblech
Puderzucker zum Bestäuben

ZUBEREITUNG

Für die Füllung die Rosinen in den Rum einlegen. Beiseitestellen.

Für den Teig aus Mehl, Sojadrink, Hefe, Zucker, 1 Prise Salz, Margarine und Öl einen Hefeteig herstellen (siehe S. 10) und 1 Stunde gehen lassen.

Für die Füllung in einer kleinen Schüssel 3–4 EL Sojadrink mit Puddingpulver und Zucker glatt rühren. Den übrigen Sojadrink in einem kleinen Topf zum Kochen bringen. Die Temperatur reduzieren und die Puddingmischung einrühren. Mohn, Mandeln und Sojajoghurt dazugeben und alles nochmals kurz aufkochen. Vom Herd nehmen und die Rosinen samt Rum einrühren. Mit etwas Zimt abschmecken. Abkühlen lassen.

Den Backofen auf 180 °C (Ober-/Unterhitze) vorheizen. Das Backblech einfetten und mit Paniermehl bestreuen (oder mit Backpapier auslegen).

Den Hefeteig auf einer bemehlten Arbeitsfläche ausrollen, bis er die Größe des Blechs hat. Die Mohnmasse gleichmäßig daraufstreichen, die Seitenränder etwas einfalten und den Strudel von der kurzen Seite her aufrollen.

Die Heferolle mit der Naht nach unten auf das Backblech legen. Im heißen Ofen (Mitte) 25 Minuten backen. Dann mit Alufolie abdecken und weitere 10 Minuten backen. Aus dem Ofen nehmen, abkühlen lassen und mit Puderzucker bestäuben.

NUSS-NUGAT-KUCHEN

40 Min. (+ 30 Min. Backen + 3,5 Std. Wartezeit)
1 Backblech (31 x 38 cm)

ZUTATEN

BODEN

300 g Mehl (Type 405)
80 ml Sojadrink
15 g frische Hefe
60 g Zucker
Salz
75 g zimmerwarme vegane Margarine
1 EL neutrales Pflanzenöl

BELAG

150 g vegane Margarine
120 g Zucker
200 ml Sojacreme Cuisine
320 g gehackte Haselnusskerne (alternativ gehackte Mandeln)

NUGATCREME

70 g veganes Nugat
100 g vegane Margarine
50 g vegane Zartbitterschokolade
50 g Kokosöl

AUSSERDEM

vegane Margarine und Paniermehl für das Backblech
Mehl für die Arbeitsfläche

ZUBEREITUNG

Für den Kuchenboden aus Mehl, Sojadrink, Hefe, Zucker, 1 Prise Salz, Margarine und Öl einen Hefeteig herstellen (siehe S. 10) und 1 Stunde gehen lassen.

Den Backofen auf 200 °C (Ober-/Unterhitze) vorheizen. Das Backblech einfetten und mit Paniermehl bestreuen (oder mit Backpapier auslegen).

Für den Belag in einem Topf die Margarine zerlassen und den Zucker darin auflösen. Die Sojacreme einrühren und aufkochen. Zum Schluss die gehackten Nüsse unterheben und alles nochmals kurz aufkochen.

Den Hefeteig auf einer bemehlten Arbeitsfläche ausrollen, bis er die Größe des Blechs hat. Das Blech damit auskleiden. Den Belag gleichmäßig auf dem Hefeteig verteilen.

Den Kuchen im heißen Ofen (Mitte) 30 Minuten backen. Aus dem Ofen nehmen und mindestens 1 Stunde an einem kühlen Ort erkalten lassen.

Für die Nugatcreme das Nugat in kleine Stücke schneiden. Die Margarine im Wasserbad erwärmen, mit dem Schneebesen cremig schlagen und das Nugat klümpchenfrei unterrühren. Schokolade und Kokosöl dazugeben und unter ständigem Rühren schmelzen, bis eine glatte Masse entsteht. Beiseitestellen und 20 Minuten abkühlen lassen.

Die Nugatcreme auf den kalten Kuchen streichen und mindestens 1 Stunde im Kühlschrank fest werden lassen.

DOMINOKUCHEN

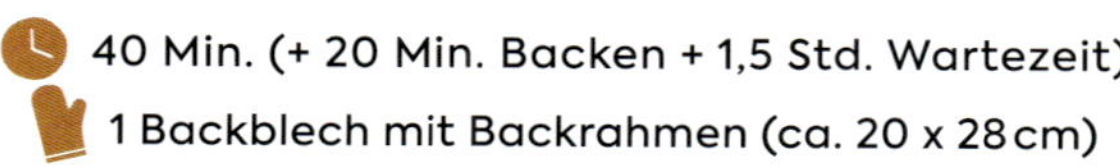

ZUTATEN

BODEN

125 g Mehl (Type 405)
25 g Speisestärke
1 leicht gehäufter TL Backpulver
100 g Zucker
1 Prise Salz
25 g Backkakao
75 ml Sojadrink
100 ml kohlensäurehaltiges Mineralwasser
3 EL neutrales Pflanzenöl

CREMEFÜLLUNG

100 g Soja-Schlagcreme
1 Pck. Sahnesteif
50 g Zucker
50 g Kokosöl
100 g Kokosraspel

KIRSCHGELEE

½ Pck. vegane Kirsch-Instant-Götterspeise

KEKSSCHICHT

½ Rezept Kekse (siehe S. 14; alternativ 250 g vegane „Butterkekse")
3 cl Rum (nach Belieben)

SCHOKOLADENGUSS

135 g vegane Zartbitter-kuvertüre
1 EL neutrales Pflanzenöl

ZUBEREITUNG

Den Backofen auf 180 °C (Ober-/Unterhitze) vorheizen. Das Backblech mit Backpapier auslegen. Den Backrahmen auf eine Größe von etwa 20 x 28 cm aufziehen und auf das Blech setzen.

Alle Zutaten für den Boden zu einem glatten Teig verrühren. In den Backrahmen füllen und im heißen Ofen (Mitte) etwa 20 Minuten backen. Im Backrahmen abkühlen lassen.

Für die Cremefüllung Schlagcreme, Sahnesteif und Zucker aufschlagen. Das Kokosöl zerlassen, kurz abkühlen lassen und lauwarm zusammen mit den Kokosraspeln unter die Creme heben. Die Masse gleichmäßig auf dem kalten Boden verteilen.

Das Kirschgelee aus Götterspeisepulver und 250 ml Wasser nach Packungsangabe zubereiten, kurz abkühlen lassen und dünn auf der Cremefüllung verteilen.

Sobald der Guss geliert ist (nach 20–30 Minuten), für die Keksschicht die Kekse kurz in Rum tauchen und dicht nebeneinander auf das Gelee setzen. Zuletzt für den Guss die Kuvertüre mit dem Öl über einem Wasserbad schmelzen und auf den Keksen verstreichen.

Im Kühlschrank etwa 30 Minuten fest werden lassen. (Inzwischen die übrig gebliebenen Kekse naschen.) Erst wenn die Kuvertüre fest ist, den Backrahmen vorsichtig abnehmen.

APFEL-STREUSEL-KUCHEN

25 Min. (+ 45 Min. Backen + 30 Min. Wartezeit)
1 Backblech (31 x 38 cm)

ZUTATEN

600 g Mehl (Type 405)
3 gestrichene TL Backpulver
300 g + 2 EL Zucker
300 g zimmerwarme vegane Margarine
2 EL neutrales Pflanzenöl
Salz
2–3 Msp. gemahlener Zimt
2 EL frisch gepresster Zitronensaft
1,2 kg frische Äpfel

AUSSERDEM

Puderzucker zum Bestäuben

ZUBEREITUNG

Den Backofen auf 180 °C (Ober-/Unterhitze) vorheizen, ein Backblech mit Backpapier auslegen.

Mehl, Backpulver, 300 g Zucker, Margarine, Öl, 1 Prise Salz und Zimt mit den Händen zu einem Streuselteig verkneten. Zwei Drittel des Teigs auf die gesamte Fläche des Backblechs geben und alles gut andrücken.

2 EL Zucker und Zitronensaft in einer Schüssel verrühren. Die Äpfel schälen und vom Kerngehäuse befreien, in Spalten schneiden und sofort in der Zucker-Zitronensaft-Mischung wälzen, damit sie nicht braun werden.

Die Apfelspalten ein wenig trocken tupfen und dicht nebeneinander auf den Teig legen. Den übrigen Streuselteig darüberkrümeln. Den Kuchen im heißen Ofen (Mitte) etwa 45 Minuten backen.

Den Streuselkuchen aus dem Ofen nehmen und abkühlen lassen. Zum Schluss mit Puderzucker bestäuben.

DONAUWELLE

45 Min. (+ 40 Min. Backen + 2,5 Std. Wartezeit)
1 Backblech (31 x 38 cm)

ZUTATEN

VANILLECREME
- 800 ml Sojadrink
- 2 Pck. veganes Vanillepuddingpulver
- 100 g Zucker
- 100 g Puderzucker
- 250 g zimmerwarme vegane Margarine

BODEN
- 2 Gläser Sauerkirschen (Abtropfgewicht ca. 700 g)
- 600 g Mehl (Type 405)
- 1¼ Pck. Backpulver
- 400 g Zucker
- Salz
- 100 ml neutrales Pflanzenöl
- 600 ml kohlensäurehaltiges Mineralwasser
- 20 g Backkakao
- 2 EL Sojadrink

SCHOKOLADENGUSS
- 200 g vegane Zartbitterkuvertüre
- 25 g Kokosöl
- 2 EL neutrales Pflanzenöl

AUSSERDEM
- Backkakao zum Bestäuben

ZUBEREITUNG

Zunächst für die Vanillecreme aus Sojadrink, Puddingpulver und dem Zucker einen Pudding nach Packungsangabe zubereiten. Etwa 2 Stunden abkühlen lassen, dabei gelegentlich umrühren.

Die Sauerkirschen in einem Sieb gut abtropfen lassen.

Den Backofen auf 180 °C (Ober-/Unterhitze) vorheizen. Das Backblech mit Backpapier auslegen.

Für den Boden Mehl, Backpulver, Zucker und 1 Prise Salz in einer großen Schüssel mischen. In einem anderen Gefäß Öl und Mineralwasser verquirlen, unter ständigem Rühren nach und nach zur Mehlmischung geben und mit dem elektrischen Handrührgerät zu einem glatten Teig verarbeiten.

Den Teig teilen. Eine Hälfte beiseitestellen, die zweite mit Kakaopulver und Sojadrink glatt rühren. Zuerst den hellen Teig auf dem Backblech glatt streichen, dann den dunklen darauf verteilen und ebenfalls glatt streichen. Mit den abgetropften Sauerkirschen belegen.

Den Kuchen im heißen Ofen (Mitte) 40 Minuten backen. Aus dem Ofen nehmen und mindestens 45 Minuten an einem kühlen Ort erkalten lassen.

Für die Vanillecreme den Puderzucker und die Margarine mit dem elektrischen Handrührgerät schaumig schlagen. Den abgekühlten Pudding esslöffelweise unterziehen. Die Creme auf den kalten Kuchen streichen.

Für den Schokoladenguss Kuvertüre, Kokosöl und Pflanzenöl im Wasserbad schmelzen, glatt rühren und den Kuchen damit überziehen. Mindestens 1 Stunde im Kühlschrank fest werden lassen. Zum Schluss mit Kakaopulver bestäuben.

SCHOKO-ROULADE

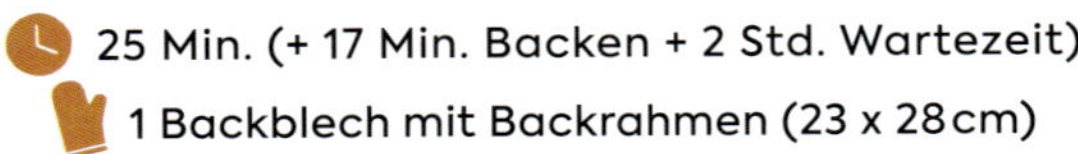
25 Min. (+ 17 Min. Backen + 2 Std. Wartezeit)
1 Backblech mit Backrahmen (23 x 28 cm)

ZUTATEN

TEIG

180 g Mehl (Type 405)
20 g Speisestärke
2 gestrichene TL Backpulver
100 g Zucker
Salz
15 g Backkakao
200 ml kohlensäurehaltiges Mineralwasser
4 EL neutrales Pflanzenöl
2 cl Rum (alternativ Wasser)

FÜLLUNG

100 g vegane Zartbitterschokolade
200 ml Soja-Schlagcreme
1 Pck. Sahnesteif

AUSSERDEM

3–4 EL Zucker zum Aufrollen des Teigs
2–3 EL vegane geraspelte Zartbitterschokolade

ZUBEREITUNG

Den Backofen auf 180 °C (Ober-/Unterhitze) vorheizen. Das Backblech mit Backpapier auslegen, den Backrahmen auf die Größe 23 x 28 cm einstellen und daraufsetzen.

Für den Teig Mehl, Stärke, Backpulver, Zucker, 1 Prise Salz und Kakao in einer Schüssel mischen. In einem anderen Gefäß Mineralwasser, Öl und Rum verquirlen, unter ständigem Rühren nach und nach zur Mehlmischung geben und alles zu einem glatten Teig verarbeiten. In den Backrahmen füllen und glatt streichen. Im heißen Ofen (Mitte) etwa 17 Minuten backen.

Ein Geschirrtuch mit 1–2 EL Zucker bestreuen. Den Kuchen aus dem Ofen nehmen und sofort zweimal auf das Geschirrtuch stürzen, sodass die Oberseite am Ende wieder oben liegt. Diese mit 2 EL Zucker bestreuen. Zügig, aber vorsichtig von der längeren Seite her samt Geschirrtuch aufrollen und mindestens 1 Stunde kühl stellen.

Für die Füllung die Zartbitterschokolade bei niedriger Hitze über einem Wasserbad schmelzen. In einer Rührschüssel Soja-Schlagcreme und Sahnesteif mit dem elektrischen Handrührgerät aufschlagen. Die Schokolade unter ständigem Rühren esslöffelweise zugeben. Den abgekühlten Kuchen vorsichtig auseinanderrollen. Zwei Drittel der Creme daraufstreichen, den Rest kühl stellen.

Den Kuchen mithilfe des Geschirrtuchs wieder vorsichtig aufrollen. In das Geschirrtuch gewickelt mindestens 1 Stunde im Kühlschrank fest werden lassen.

Die Rolle mit der übrigen Creme bestreichen und mit den Schokoraspeln dekorieren.

Tipp

Beim Aufrollen kann ein Fondantroller oder ein Stab mit 2–3 cm Durchmesser helfen. Man rollt ihn vom Anfang aus mit ein. Risse lassen sich gut mit Creme kaschieren.

ERDBEER-BASILIKUM-ROLLE

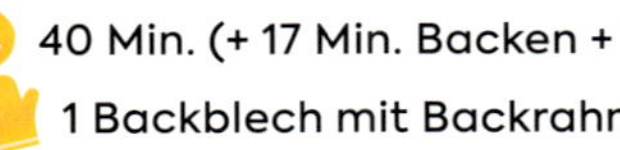

40 Min. (+ 17 Min. Backen + 2 Std. Wartezeit)
1 Backblech mit Backrahmen (21 x 27 cm)

ZUTATEN

FÜLLUNG

250 ml Sojadrink
½ Pck. veganes Sahnepuddingpulver
40 g Zucker
8–10 Basilikumblätter
100 g Erdbeeren
110 g zimmerwarme vegane Margarine
vegane grüne Lebensmittelfarbe

TEIG

120 g Mehl (Type 405)
1 leicht gehäufter TL Backpulver
80 g Zucker
Salz
125 ml kohlensäurehaltiges Mineralwasser
3 EL neutrales Pflanzenöl

AUSSERDEM

1–2 EL Zucker zum Aufrollen
1–2 EL fein gehackte Pistazien
2–3 Erdbeeren, in Scheiben geschnitten
einige kleine Basilikumblätter als Garnitur

ZUBEREITUNG

Für die Füllung aus Sojadrink, Puddingpulver und Zucker einen Pudding nach Packungsangabe zubereiten. Den fertigen Pudding mindestens 1 Stunde auf Zimmertemperatur abkühlen lassen, dabei gelegentlich umrühren.

Den Backofen auf 180 °C (Ober-/Unterhitze) vorheizen. Das Backblech mit Backpapier auslegen, den Backrahmen auf die Größe 21 x 27 cm einstellen und auf das Blech setzen.

Für den Teig in einer Schüssel Mehl, Backpulver, Zucker und 1 Prise Salz mischen. In einem anderen Gefäß Mineralwasser und Öl verquirlen, unter ständigem Rühren nach und nach zur Mehlmischung geben und mit dem Handrührgerät zu einem glatten Teig verarbeiten. Den Teig in den Backrahmen füllen und glatt streichen. Im heißen Ofen (Mitte) etwa 17 Minuten backen.

Ein Geschirrtuch mit 1–2 EL Zucker bestreuen. Den Kuchenboden aus dem Ofen nehmen und sofort zweimal auf das Geschirrtuch stürzen, sodass die Oberseite am Ende wieder oben liegt. Nun zügig, aber vorsichtig von der längeren Seite her samt Geschirrtuch aufrollen und mindestens 1 Stunde an einem kühlen Ort erkalten lassen.

Für die Füllung das Basilikum waschen, trocken tupfen und hacken. Die Erdbeeren waschen, putzen und in kleine Stücke schneiden. Die Margarine mit dem Handrührgerät cremig schlagen, dann den Pudding esslöffelweise unterheben und die Lebensmittelfarbe hinzufügen, bis die gewünschte Farbe erreicht ist.

WEITER GEHT'S

Den abgekühlten Kuchen vorsichtig auseinanderrollen. Zwei Drittel der Creme daraufstreichen, den Rest kühl stellen. Erdbeerstücke und gehacktes Basilikum auf der Creme verteilen. Den Kuchen mithilfe des Geschirrtuchs wieder vorsichtig einrollen und fest im Geschirrtuch verpackt mindestens 1 Stunde im Kühlschrank ruhen lassen. Zum Schluss die übrige Creme auf der Rolle verstreichen und diese mit Pistazien, Erdbeerscheiben und Basilikumblättern garnieren.

TOPFENSTRUDEL

40 Min. (+ 25 Min. Backen + 1,5 Std. Wartezeit)
1 Backblech (31 x 38 cm)

ZUTATEN

TEIG

Plunderteig nach Grundrezept (siehe S. 12)

FÜLLUNG

40 g Rosinen
3 cl Rum (alternativ Sojadrink)
2 Äpfel
40 g Zucker
3 Msp. gemahlener Zimt
1 EL frisch gepresster Zitronensaft
10 g Speisestärke
150 g Soja-Quarkalternative (siehe Tipp S. 112)
40 g Puderzucker
Mark von ½ Vanilleschote

AUSSERDEM

Mehl für die Arbeitsfläche
Puderzucker zum Bestäuben

ZUBEREITUNG

Plunderteig nach Grundrezept herstellen (siehe S. 12) und 30 Minuten im Kühlschrank ruhen lassen.

Für die Füllung die Rosinen in Rum einlegen. Die Äpfel schälen, vom Kerngehäuse befreien, in kleine Stücke schneiden und mit Zucker, Zimt und Zitronensaft vermengen.

Den Backofen auf 200 °C (Ober-/Unterhitze) vorheizen. Das Backblech mit Backpapier auslegen.

Die Rosinen abtropfen lassen, den Rum auffangen und in einer Schüssel mit der Stärke glatt rühren. Sojaquark, Puderzucker und Vanillemark mit einem elektrischen Handrührgerät untermengen.

Den Plunderteig auf einer bemehlten Arbeitsfläche etwa 25 x 30 cm groß ausrollen. Die Quarkmasse auf das erste Drittel des Teigs streichen. Äpfel und Rosinen darauf verteilen. Die Seitenränder einschlagen und den Strudel von der kürzeren Seite her aufrollen. Mit der Naht nach oben auf das Backblech legen; die Naht mit etwas Wasser versiegeln.

Den Strudel im heißen Ofen (unten) 25 Minuten backen, dann auf die mittlere Schiene schieben und weitere 20 Minuten backen. Falls der Teig zu dunkel wird, mit Alufolie abdecken. Aus dem Ofen nehmen und mindestens 1 Stunde an einem kühlen Ort erkalten lassen. Vor dem Servieren mit Puderzucker bestäuben.

Tipp

Topfen nennt man in Bayern und Österreich den Quark. Für vegane Rezepte wird er meist aus Sojajoghurt hergestellt oder durch Seidentofu ersetzt.

MARMORKUCHEN

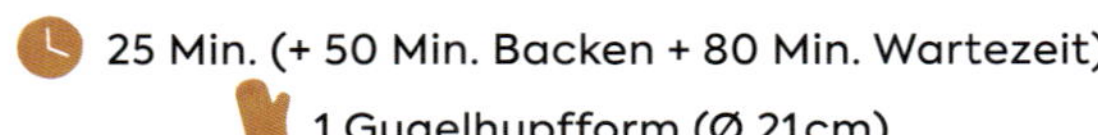

25 Min. (+ 50 Min. Backen + 80 Min. Wartezeit)
1 Gugelhupfform (Ø 21cm)

ZUTATEN

TEIG

230 g Mehl (Type 405)
70 g Speisestärke
2 leicht gehäufte TL Backpulver
200 g Zucker
Salz
100 ml neutrales Pflanzenöl
100 ml kohlensäurehaltiges Mineralwasser
100 ml Sojadrink
1 TL abgeriebene Schale von 1 Bio-Zitrone
15 g Backkakao
2 cl Rum (nach Belieben)

SCHOKOLADENGUSS

150 g vegane Zartbitter-kuvertüre
1 TL neutrales Pflanzenöl
2–3 EL gehackte Nusskerne (z. B. Haselnuss oder Mandeln)

AUSSERDEM

vegane Margarine und Paniermehl für die Form

ZUBEREITUNG

Den Backofen auf 180 °C (Ober-/Unterhitze) vorheizen. Die Backform einfetten und mit Paniermehl ausstreuen.

Für den Teig Mehl, Stärke, Backpulver, Zucker und 1 Prise Salz in einer Rührschüssel mischen. In einem zweiten Gefäß Öl, Mineralwasser und Sojadrink verquirlen, unter ständigem Rühren nach und nach zur Mehlmischung geben und mit dem Handrührgerät zu einem glatten Teig verarbeiten.

Den Teig halbieren. Unter eine Teighälfte die Zitronenschale heben, in die andere das Kakaopulver und den Rum einrühren.

In die vorbereitete Form zuerst den hellen Teig einfüllen, dann den dunklen obendrauf geben. Damit eine Marmorierung entsteht, mit einer Gabel den hellen Teig nach oben ziehen; dabei die Form drehen und die Gabel rundherum spiralförmig durch den Teig ziehen.

Den Kuchen im heißen Ofen (Mitte) 45–50 Minuten backen. Aus dem Ofen nehmen und in der Form mindestens 1 Stunde vollständig abkühlen lassen. Stürzen.

Für den Schokoladenguss die Zartbitterkuvertüre mit dem Öl über einem Wasserbad schmelzen, über den Kuchen geben und mit den gehackten Nüssen bestreuen. Etwa 20 Minuten im Kühlschrank fest werden lassen.

GRANATAPFEL-BIRNEN-STRUDEL

40 Min. (+ 40 Min. Backen + 40 Min. Wartezeit)

 1 Backblech (31 x 38 cm)

ZUTATEN

TEIG

Plunderteig nach Grundrezept (siehe S. 12)

FÜLLUNG

300 g Birnen
30 g Zucker
1 Pck. Vanillezucker
2 EL frisch gepresster Zitronensaft
2 g frisch geriebener Ingwer
1 Msp. gemahlene Nelken
1 Msp. gemahlener Zimt
1 EL Paniermehl
2 EL Granatapfelkerne

AUSSERDEM

Mehl für die Arbeitsfläche
Puderzucker zum Bestäuben

ZUBEREITUNG

Plunderteig nach Grundrezept herstellen (siehe S. 12) und 30 Minuten im Kühlschrank ruhen lassen.

Den Backofen auf 200 °C (Ober-/Unterhitze) vorheizen. Das Backblech mit Backpapier auslegen.

Die Birnen schälen, vom Kerngehäuse befreien und in kleine Stücke schneiden. In einer kleinen Pfanne die Birnenstücke mit Zucker, Vanillezucker, Zitronensaft, Ingwer, Nelken und Zimt vermengen und 5 Minuten karamellisieren lassen.

Den Plunderteig auf einer bemehlten Arbeitsfläche etwa 25 x 30 cm groß ausrollen. Auf das erste Drittel des Teigs 1 EL Paniermehl streuen. Die eingekochten Birnen und die Granatapfelkerne gleichmäßig darauf verteilen. Die Seitenränder einschlagen und den Strudel von der kürzeren Seite her aufrollen.

Den Strudel mit der Naht nach oben auf das Backblech geben; die Naht mit etwas Wasser versiegeln. Im heißen Ofen (unten) 20 Minuten backen, dann das Blech auf die mittlere Schiene schieben und den Strudel weitere 20 Minuten backen. Wenn der Teig zu dunkel wird, mit Alufolie abdecken.

Aus dem Ofen nehmen und mindestens 30 Minuten an einem kühlen Ort erkalten lassen, dann mit Puderzucker bestäuben.

GEDECKTER APFELKUCHEN

50 Min. (+ 35 Min. Backen + 2,5 Std. Wartezeit)
1 Springform (Ø 26 cm)

ZUTATEN

BODEN

150 g Mehl (Type 405)
45 ml Sojadrink
8 g frische Hefe
30 g Zucker | Salz
35 g zimmerwarme vegane Margarine

DECKEL

150 g Mehl (Type 405)
1 gestrichener TL Backpulver
60 g Zucker
60 g zimmerwarme vegane Margarine
2 EL Sojadrink

BELAG

1 EL Zitronensaft
2 EL Zucker
2 Msp. gemahlener Zimt
3–4 mittelgroße Äpfel
65 g vegane Margarine
30 g Paniermehl
40 g Mandelblättchen

AUSSERDEM

vegane Margarine und Paniermehl für die Form
Mehl für die Arbeitsfläche
Puderzucker zum Bestäuben

ZUBEREITUNG

Für den Kuchenboden aus Mehl, Sojadrink, Hefe, Zucker, 1 Prise Salz und Margarine einen Hefeteig herstellen (siehe S. 10) und 1 Stunde gehen lassen. Für den Deckel aus Mürbeteig alle Zutaten zu einem glatten Teig verkneten, in Frischhaltefolie wickeln und 30 Minuten im Kühlschrank ruhen lassen.

Den Backofen auf 180 °C (Ober-/Unterhitze) vorheizen. Die Springform einfetten und mit Paniermehl bestreuen.

Den Hefeteig auf einer bemehlten Arbeitsfläche rund ausrollen, bis er die Größe der Springform hat. Die Springform damit auskleiden, die Ränder ggf. abschneiden.

Für den Belag in einer Rührschüssel den Zitronensaft mit Zucker und Zimt mischen. Die Äpfel schälen, Kerngehäuse entfernen, in Spalten schneiden und in der Zitronensaft-Zucker-Mischung wälzen.

25 g Margarine zerlassen, den Kuchenboden damit einstreichen, Paniermehl darüberstreuen. Zuerst die Äpfel, dann die Mandeln darauf verteilen. Die übrigen 40 g Margarine zerlassen und auf den Kuchen träufeln.

Nun den Mürbeteig auf einer bemehlten Arbeitsfläche rund ausrollen (Ränder ggf. abschneiden) und auf den Kuchen legen. Im heißen Ofen (Mitte) 35 Minuten backen. Den Kuchen aus dem Ofen nehmen und an einem kühlen Ort mindestens 1 Stunde erkalten lassen.

Den Rand der Springform ablösen, den Kuchen auf eine Kuchenplatte heben. Mit Puderzucker bestäuben.

Tipp
Aus Teigresten können
Sie in einer kleinen Back-
form eine Minitorte als
Probestück oder zum
Vorab-Naschen
herstellen.

SAUERKIRSCHKUCHEN

20 Min. (+ 50 Min. Backen + 1,5 Std. Wartezeit)

1 Gugelhupfform (Ø 21 cm)

ZUTATEN

200 g Mehl (Type 405)
75 g Speisestärke
2 leicht gehäufte TL Backpulver
180 g Zucker
Salz
40 g gemahlene Mandeln
100 ml Sojadrink
100 ml kohlensäurehaltiges Mineralwasser
70 g zimmerwarme vegane Margarine
100 g Sauerkirschen (alternativ TK-Kirschen, angetaut)
50 g vegane backfeste Schokoladentröpfchen

AUSSERDEM

vegane Margarine und Paniermehl für die Form
Puderzucker zum Bestäuben

ZUBEREITUNG

Den Backofen auf 200 °C (Ober-/Unterhitze) vorheizen. Die Backform einfetten und mit Paniermehl ausstreuen.

Mehl, Stärke, Backpulver, Zucker, 1 Prise Salz und Mandeln in einer Rührschüssel mischen. In einem anderen Gefäß Sojadrink und Mineralwasser verquirlen, unter ständigem Rühren nach und nach zur Mehlmischung geben und mit dem elektrischen Handrührgerät zu einem glatten Teig verarbeiten. Die Margarine unterrühren. Die Sauerkirschen entsteinen und halbieren. Früchte und Schokoladentröpfchen unter den Teig heben.

Den Teig in die Backform füllen und im heißen Ofen (Mitte) etwa 50–60 Minuten backen. Aus dem Ofen nehmen, in der Form 45 Minuten abkühlen lassen, dann stürzen und an einem kühlen Ort vollständig erkalten lassen.

Zum Schluss den Gugelhupf mit Puderzucker bestäuben.

Tipp

Sie können auch Sauerkirschen aus dem Glas verwenden. Nehmen Sie dann aber weniger Zucker, denn Konservenfrüchte sind in der Regel gesüßt.

FRANKFURTER KRANZ

 40 Min. (+ 35 Min. Backen + 80 Min. Wartezeit)

 1 Gugelhupfform (Ø 21cm)

ZUTATEN

BODEN

20 g Sojamehl
100 ml kohlensäurehaltiges Mineralwasser
120 g Mehl (Type 405)
80 g Speisestärke
1 gestrichener TL Backpulver
200 g Zucker
Salz
4 EL neutrales Pflanzenöl

FÜLLUNG

1 Pck. veganes Vanillepuddingpulver
500 ml Sojadrink
3 EL Zucker
250 g zimmerwarme vegane Margarine
2 EL Puderzucker
3–4 EL rote Konfitüre (z. B. Sauerkirsch)

DEKORATION

100 g Haselnusskrokant
8–10 Belegkirschen

AUSSERDEM

vegane Margarine und Paniermehl für die Form

ZUBEREITUNG

Den Backofen auf 200 °C (Ober-/Unterhitze) vorheizen. Eine Gugelhupfform einfetten und mit Paniermehl bestreuen.

Für den Kuchenboden zunächst das Sojamehl mit dem Mineralwasser verquirlen. In einer separaten Rührschüssel Mehl, Stärke, Backpulver, Zucker und 1 Prise Salz mischen. Die Soja-Mineralwasser-Mischung unter ständigem Rühren nach und nach zur Mehlmischung geben, dann das Öl einrühren und zu einem glatten Teig verarbeiten.

Den Teig in die Form füllen und glatt streichen. Im heißen Ofen (Mitte) 35 Minuten backen. Herausnehmen und 45 Minuten in der Form abkühlen lassen, dann stürzen und vollständig auskühlen lassen.

Inzwischen für die Füllung aus Vanillepuddingpulver, Sojadrink und Zucker einen Pudding nach Packungsangabe zubereiten. Abkühlen lassen, dabei gelegentlich umrühren.

Die Margarine und den Puderzucker mit dem elektrischen Handrührgerät schaumig schlagen, den abgekühlten Pudding esslöffelweise unter ständigem Rühren dazugeben. Kalt stellen.

Den vollständig abgekühlten Kuchen zweimal waagerecht durchschneiden. Den untersten Boden mit der Hälfte der Konfitüre bestreichen. Ein Drittel der Puddingcreme darauf verteilen und den mittleren Boden darauflegen. Die restliche Konfitüre, das zweite Drittel Creme und den letzten Boden obenauf setzen.

Vom übrigen Drittel der Creme 2–3 EL abnehmen und in einen Spritzbeutel mit Sterntülle füllen, diesen in den Kühlschrank legen. Mit der restlichen Creme den kompletten Kuchen einstreichen und mit Haselnusskrokant bestreuen. Zum Schluss gleichmäßig kleine Tuffs obenauf spritzen und mit je 1 Belegkirsche verzieren.

RÜBLIKUCHEN

45 Min. (+ 45 Min. Backen + 2 Std. Wartezeit)
1 Kastenform (ca. 20 x 10 cm)

ZUTATEN

270 g Mehl (Type 405)
2 leicht gehäufte TL Backpulver
135 g Zucker
Salz
135 ml neutrales Pflanzenöl
2 EL frisch gepresster Zitronensaft
270 g Möhren
165 g gemahlene Mandeln

MARZIPAN-MÖHREN

75 g Marzipanrohmasse
1¼ TL Puderzucker
orangefarbene und grüne vegane Lebensmittelfarbe

ZUCKERGUSS

70 g Puderzucker
1 TL frisch gepresster Zitronensaft

AUSSERDEM

vegane Margarine und Paniermehl für die Form

ZUBEREITUNG

Den Backofen auf 180 °C (Ober-/Unterhitze) vorheizen. Die Kastenform einfetten und mit Paniermehl bestreuen.

Mehl, Backpulver, Zucker und 1 Prise Salz in einer großen Rührschüssel mischen. Unter ständigem Rühren nach und nach das Öl und den Zitronensaft zur Mehlmischung geben und alles mit dem elektrischen Handrührgerät zu einem glatten Teig verarbeiten.

Die Möhren putzen, grob raspeln und zusammen mit den Mandeln unter den Teig mischen. Den Teig in die Kastenform füllen und glatt streichen. Den Kuchen im heißen Ofen (Mitte) 45 Minuten backen. Herausnehmen und 45 Minuten in der Form abkühlen lassen, dann stürzen und vollständig auskühlen lassen.

Inzwischen für die Marzipan-Möhren 60 g Marzipanrohmasse mit 1 TL Puderzucker und orangefarbener Lebensmittelfarbe verkneten und 5 oder 6 Möhren modellieren. Für das Möhrengrün 15 g Marzipanrohmasse mit ¼ TL Puderzucker und grüner Lebensmittelfarbe verkneten, das Grün formen. Das Möhrengrün an den Möhren befestigen, ggf. einen Tropfen Wasser als Kleber zu Hilfe nehmen.

Für den Zuckerguss den Puderzucker mit 1 EL warmem Wasser und Zitronensaft glatt rühren. Den kalten Kuchen damit überziehen. Die Marzipan-Möhren daraufsetzen und den Guss 20 Minuten im Kühlschrank fest werden lassen.

APFEL-MARZIPAN-KUCHEN

20 Min. (+ 80 Min. Backen + 80 Min. Wartezeit)
1 Gugelhupfform (Ø 21cm)

ZUTATEN

1 mittelgroßer Apfel
150 ml Sojadrink
100 g Marzipanrohmasse
325 g Mehl (Type 405)
1 Pck. Backpulver
200 g Zucker
½ TL gemahlener Zimt
Salz
200 g zimmerwarme vegane Margarine

AUSSERDEM

vegane Margarine und Paniermehl für die Form
Puderzucker zum Bestäuben

ZUBEREITUNG

Den Backofen auf 180 °C (Ober-/Unterhitze) vorheizen. Die Gugelhupfform einfetten und mit Paniermehl bestreuen.

Den Apfel waschen und das Kerngehäuse entfernen, dann reiben und beiseitestellen. Den Sojadrink in einem kleinen Topf erwärmen (nicht aufkochen!) und vom Herd nehmen. Marzipan würfeln und im warmen Sojadrink auflösen.

Mehl, Backpulver, Zucker, Zimt und 1 Prise Salz in einer Rührschüssel mischen. Mit einem elektrischen Handrührgerät Margarine und Marzipan-Sojadrink einarbeiten. Den geriebenen Apfel zügig unter den Teig heben.

Den Teig in die Backform einfüllen und den Kuchen im heißen Ofen (Mitte) etwa 50 Minuten backen. Nun die Form mit Alufolie abdecken und die Temperatur auf 200 °C erhöhen, weitere 25–30 Minuten backen.

Den Gugelhupf aus dem Ofen nehmen und in der Form 45 Minuten abkühlen lassen. Stürzen und vollständig auskühlen lassen. Nach Belieben mit Puderzucker bestäuben.

MATCHA-KUCHEN

20 Min. (+ 60 Min. Backen + 95 Min. Wartezeit)
1 Kastenform (ca. 20 x 10 cm)

ZUTATEN

TEIG

20 g Sojamehl
180 g Mehl (Type 405)
20 g Speisestärke
2 gestrichene TL Backpulver
150 g Zucker
Salz
12 g Matcha (aus dem Teefachgeschäft oder dem Naturkostladen)
100 ml Sojadrink
150 ml neutrales Pflanzenöl
50 ml kohlensäurehaltiges Mineralwasser

SCHOKOLADENGUSS

100 g vegane Zartbitterkuvertüre
1 TL neutrales Pflanzenöl

AUSSERDEM

vegane Margarine und Paniermehl für die Form

ZUBEREITUNG

Den Backofen auf 180 °C (Ober-/Unterhitze) vorheizen. Die Kastenform einfetten und mit Paniermehl ausstreuen.

Für den Teig in einer großen Rührschüssel zunächst das Sojamehl mit 4 EL Wasser glatt rühren. In einer zweiten Schüssel Mehl, Stärke, Backpulver, Zucker, 1 Prise Salz und Matcha mischen. In einem weiteren Gefäß Sojadrink, Öl und Mineralwasser verrühren.

Nun abwechselnd flüssige und feste Zutaten in die Rührschüssel geben und mit dem elektrischen Handrührgerät nach und nach zu einem glatten Teig verarbeiten.

Den Teig in die Kastenform füllen und glatt streichen. Im heißen Ofen (Mitte) 45 Minuten backen. Mit Alufolie locker abdecken und weitere 15 Minuten backen. Den Kuchen aus dem Ofen nehmen und in der Form 45 Minuten abkühlen lassen, dann stürzen und vollständig auskühlen lassen.

Für den Guss die Kuvertüre grob hacken und mit dem Öl über einem Wasserbad schmelzen. Den Kuchen mit dem Guss überziehen, diesen mindestens 15 Minuten im Kühlschrank fest werden lassen.

Tipp

Matchatee ist ein sehr edler, fein gemahlener Grüntee aus Japan. Er sollte gut verschlossen, kühl, trocken und nicht zu lange gelagert werden.

NUSSKUCHEN

20 Min. (+ 75 Min. Backen + 60 Min. Wartezeit)
1 Kastenform (ca. 20 x 10 cm)

ZUTATEN

100 g gemischte Nusskerne
240 g Mehl (Type 405)
50 g Speisestärke
2 leicht gehäufte TL Backpulver
190 g Zucker
Salz
100 g gemischte, gemahlene Nusskerne
175 ml kohlensäurehaltiges Mineralwasser
75 g zimmerwarme vegane Margarine
1 EL frisch gepresster Zitronensaft
100 g Soja-Joghurtalternative

AUSSERDEM

vegane Margarine und Paniermehl für die Form
Puderzucker zum Bestäuben

ZUBEREITUNG

Den Backofen auf 200 °C (Ober-/Unterhitze) vorheizen. Die Backform einfetten und mit Paniermehl bestreuen.

Die Nüsse hacken und in einer kleinen Pfanne ohne Fett anrösten. Beiseitestellen und abkühlen lassen.

Mehl, Stärke, Backpulver, Zucker, 1 Prise Salz und gemahlene Nüsse in einer Rührschüssel mischen. Unter ständigem Rühren zuerst das Mineralwasser, dann Margarine, Zitronensaft und Joghurt dazugeben. Zuletzt die gerösteten gehackten Nüsse unterheben.

Den Teig in die Kastenform füllen und im heißen Ofen (Mitte) 40 Minuten backen. Dann die Form mit Alufolie abdecken und weitere 35 Minuten backen.

Den Kuchen aus dem Ofen nehmen und in der Form abkühlen lassen. Auf ein Kuchengitter stürzen, vollständig auskühlen lassen und mit etwas Puderzucker bestäuben.

SCHOKOKUCHEN MIT NOISETTEKERN

40 Min. (+ 1 Std. Backen + 1,5 Std. Wartezeit)
1 Kastenform (ca. 20 x 10 cm)

ZUTATEN

NOISETTEKERN

- ½ Rezept Keksteig (siehe S. 14)
- 75 g veganes Nuss-Nugat
- 20 g vegane Zartbitterschokolade
- 2 EL Sojacreme Cuisine
- 1 EL Rum (nach Belieben)

TEIG

- 250 g Mehl (Type 405)
- 2 gestrichene TL Backpulver
- 15 g Backkakao
- 160 g Zucker
- Salz
- 250 ml kohlensäurehaltiges Mineralwasser
- 50 ml neutrales Pflanzenöl
- 2 cl veganer Schokoladensirup
- 50 g vegane Zartbitterschokolade

SCHOKOLADENGUSS

- 100 g vegane Zartbitterkuvertüre
- 1 EL neutrales Pflanzenöl
- 1–2 EL veganes Zuckerdekor

AUSSERDEM

vegane Margarine und Paniermehl für die Form

ZUBEREITUNG

Für den Noisettekern den Keksteig nach dem Grundrezept herstellen (siehe S. 14), in Klarsichtfolie wickeln und 30 Minuten im Kühlschrank ruhen lassen.

Den Backofen auf 180 °C (Ober-/Unterhitze) vorheizen. Die Kastenform einfetten und mit Paniermehl bestreuen. Den Keksteig auf einem Stück Backpapier ca. 20 x 25 cm rechteckig ausrollen.

Nuss-Nugat, Schokolade, Sojacreme und Rum bei geringer Hitze in einem kleinen Topf erwärmen (nicht kochen!) und glatt rühren. Die Nugatmasse auf den Keksteig streichen und diesen mithilfe des Backpapiers von der kurzen Seite her aufrollen.

Für den Schokoteig die Schokolade im Wasserbad schmelzen, beiseitestellen. Mehl, Backpulver, Kakaopulver, Zucker und 1 Prise Salz in einer großen Rührschüssel mischen. In einem anderen Gefäß Mineralwasser, Öl und Schokosirup verquirlen, unter ständigem Rühren nach und nach zur Mehlmischung geben und mit dem Handrührgerät zu einem glatten Teig verarbeiten. Die Schokolade unter den Teig rühren und in die Kastenform füllen. Den Noisettekern auflegen, vorher ggf. die Ränder abschneiden.

Den Kuchen im heißen Ofen (Mitte) 1 Stunde backen. Herausnehmen und in der Form abkühlen lassen, dann vorsichtig aus der Form lösen und an einem kühlen Ort vollständig erkalten lassen.

Für den Schokoladenguss die Zartbitterkuvertüre mit dem Öl über einem Wasserbad schmelzen, dann über den Kuchen geben. Mit dem Zuckerdekor verzieren.

PAPAGEIENKUCHEN

30 Min. (+ 80 Min. Backen + 2 Std. Wartezeit)

1 Kastenform (ca. 20 x 10 cm)

ZUTATEN

200 g Mehl (Type 405)
100 g Speisestärke
1 Pck. Backpulver
190 g Zucker
Salz
150 ml Sojacreme Cuisine
125 ml neutrales Pflanzenöl
125 ml kohlensäurehaltiges Mineralwasser
20 g veganes Vanillepuddingpulver
20 g veganes Schokopuddingpulver
20 g veganes Rote-Grütze-Pulver
25 g vegane Waldmeister-Instant-Götterspeise
rote und grüne vegane Lebensmittelfarbe (nach Belieben)

SCHOKOLADENGUSS

125 g vegane Zartbitterkuvertüre
1 EL neutrales Pflanzenöl
1–2 EL vegane Zuckerstreusel

AUSSERDEM

vegane Margarine und Paniermehl für die Form

ZUBEREITUNG

Den Backofen auf 200 °C (Ober-/Unterhitze) vorheizen. Die Kastenform einfetten und mit Paniermehl bestreuen.

Mehl, Stärke, Backpulver, Zucker und 1 Prise Salz in einer großen Rührschüssel mischen. In einem anderen Gefäß die Sojacreme, Öl und Mineralwasser verquirlen, unter ständigem Rühren nach und nach zur Mehlmischung geben und mit dem elektrischen Handrührgerät zu einem glatten Teig verarbeiten.

Den Teig in vier gleiche Teile teilen. Jeweils zu einem Teil Vanillepudding-, Schokopudding-, Rote-Grütze- und Götterspeisepulver zufügen und gut verrühren. Den grünen und den roten Teig bei Bedarf zusätzlich mit etwas Lebensmittelfarbe einfärben.

Die Teige nacheinander in die Kastenform füllen. Damit eine Marmorierung entsteht, mit einer Gabel die unterste Schicht nach oben ziehen; dabei die Form drehen und die Gabel rundherum spiralförmig durch den Teig ziehen.

Den Kuchen im heißen Ofen (Mitte) 40 Minuten backen, dann mit Alufolie abdecken und weitere 40 Minuten backen. Aus dem Ofen nehmen und 45 Minuten in der Form abkühlen lassen, dann stürzen und vollständig auskühlen lassen.

Für den Guss die Schokolade grob hacken und mit dem Öl über einem Wasserbad schmelzen. Den Kuchen mit dem Guss überziehen und mit den Zuckerstreuseln garnieren. 20 Minuten im Kühlschrank fest werden lassen.

SCHOKO-CHILI-KUCHEN

20 Min. (+ 70 Min. Backen + 2 Std. Wartezeit)
1 Kastenform (ca. 20 x 10 cm)

ZUTATEN

275 g Mehl (Type 405)
50 g Speisestärke
2 leicht gehäufte TL Backpulver
170 g Zucker
35 g Backkakao
Salz
100 ml neutrales Pflanzenöl
200 ml kohlensäurehaltiges Mineralwasser
1 reife Banane
100 g Soja-Joghurtalternative
2 cl veganer Schokoladensirup
20 g rote Chilischote

SCHOKOLADENGUSS

120 g vegane Zartbitterkuvertüre
1 EL neutrales Pflanzenöl

AUSSERDEM

vegane Margarine und Paniermehl für die Form
Chilifäden als Garnitur

ZUBEREITUNG

Den Backofen auf 200 °C (Ober-/Unterhitze) vorheizen. Die Kastenform einfetten und mit Paniermehl bestreuen.

Mehl, Stärke, Backpulver, Zucker, Kakao und 1 Prise Salz in einer großen Schüssel mischen. In einem zweiten Gefäß Öl und Mineralwasser verquirlen, unter ständigem Rühren nach und nach zur Mehlmischung geben und mit dem elektrischen Handrührgerät zu einem glatten Teig verarbeiten.

Die Banane mit dem Sojajoghurt pürieren und in den Teig einrühren. Den Schokoladensirup unterrühren. Die Chilischote waschen, trocken schütteln und von Stiel, Samen und Scheidewänden befreien. In sehr kleine Stücke schneiden und untermengen.

Den Teig in die Kastenform füllen. Im heißen Ofen (Mitte) 35 Minuten backen, mit Alufolie abdecken und weitere 35 Minuten backen. Aus dem Ofen nehmen und 45 Minuten in der Form auskühlen lassen, dann stürzen und vollständig auskühlen lassen.

Für den Guss die Kuvertüre grob hacken und mit dem Öl über einem Wasserbad schmelzen. Den kalten Kuchen damit überziehen, mit den Chilifäden dekorieren und 20 Minuten im Kühlschrank fest werden lassen.

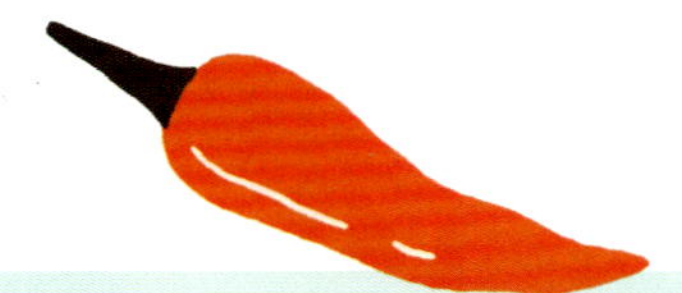

Tipp

Wer es besonders schokoladig mag, hebt kurz vor dem Backen noch 30 g backfeste vegane Schokoladentropfen unter den Teig!

KALTE SCHNAUZE

30 Min. (+ 4 Std. Wartezeit)
1 Kastenform (ca. 20 x 10 cm)

ZUTATEN

- Kekse nach Grundrezept (siehe S. 14; alternativ 400–450 g vegane „Butterkekse")
- 40 g Kokosöl
- 240 g vegane Margarine
- 225 g vegane Zartbitterschokolade
- 120 g Puderzucker
- 4 cl starker Kaffee
- 2 cl Rum (nach Belieben)
- 60 g Mandelblättchen

SCHOKOLADENGUSS

- 70 g vegane Zartbitterkuvertüre
- 2 EL Mandelblättchen als Garnitur

ZUBEREITUNG

Die Kekse nach dem Grundrezept (siehe S. 14) zubereiten, dazu am besten kleine Rechtecke ausstechen. Gebacken und ausgekühlt beiseitestellen.

Kokosöl, Margarine und Schokolade zusammen über einem Wasserbad schmelzen. Vom Herd nehmen und den Puderzucker einrühren. Zuletzt Kaffee und Rum dazugeben und die Mandelblättchen unterheben.

Eine Kastenform mit Frischhaltefolie auskleiden. Mit einer kleinen Saucenkelle eine dünne Schicht flüssige Schokoladenmasse einfüllen, bis der Boden bedeckt ist. Die Kekse dicht nebeneinander darauflegen; nicht andrücken.

Nun Schokoladenmasse und Kekse im Wechsel weiterschichten, bis eines von beiden aufgebraucht ist – mit Schokoladencreme abschließen.

In der Form mindestens 4 Stunden im Kühlschrank fest werden lassen. Herausnehmen und stürzen. Mit flüssiger Kuvertüre überziehen und mit Mandelblättchen dekorieren.

HIMBEER-MOHN-KUCHEN

 20 Min. (+ 70 Min. Backen + 60 Min. Wartezeit)

1 Kastenform (ca. 20 x 10 cm)

ZUTATEN

200 g Himbeeren
170 g Mehl (Type 405)
80 g Speisestärke
2 leicht gehäufte TL Backpulver
150 g Zucker
Salz
120 ml kohlensäurehaltiges Mineralwasser
50 ml Sojadrink
60 g Soja-Joghurtalternative
80 g zimmerwarme vegane Margarine
30 g Mohnsamen

AUSSERDEM

vegane Margarine und Paniermehl für die Form
Puderzucker zum Bestäuben

ZUBEREITUNG

Den Backofen auf 200 °C (Ober-/Unterhitze) vorheizen. Die Backform einfetten und mit Paniermehl bestreuen. Die Himbeeren waschen und vorsichtig trocken tupfen.

Für den Teig Mehl, Stärke, Backpulver, Zucker und 1 Prise Salz in einer Rührschüssel mischen. Mineralwasser, Sojadrink und Joghurt unter ständigem Rühren nach und nach zugießen. Dann die Margarine gründlich einarbeiten, sodass ein glatter Teig entsteht. Zum Schluss Mohn und Himbeeren vorsichtig unterheben.

Den Teig in die Kastenform füllen und glatt streichen. Im heißen Ofen (Mitte) 30 Minuten backen, dann mit Alufolie abdecken und 40 Minuten weiterbacken.

Den Kuchen herausnehmen und in der Form abkühlen lassen. Auf eine Kuchenplatte stürzen, vollständig auskühlen lassen und mit Puderzucker bestäuben.

Tipp

Wer das Knacken der Mohnsamen nicht mag, kann gemahlenen Mohn verwenden. Wenn Sie auf fertige Mohnfülle aus dem Handel zurückgreifen, sollten Sie die Zuckermenge im Rezept etwas reduzieren.

ZITRONENKUCHEN

20 Min. (+ 45 Min. Backen + 60 Min. Wartezeit)
1 Kastenform (20 x 10 cm)

ZUTATEN

220 g Mehl (Type 405)
60 g Speisestärke
2 leicht gehäufte TL Backpulver
130 g Zucker
Salz
180 ml kohlensäurehaltiges Mineralwasser
3 EL frisch gepresster Zitronensaft
4 EL neutrales Pflanzenöl
Abrieb von 1 Bio-Zitrone

ZUCKERGUSS

50 g Puderzucker
1½ EL frisch gepresster Zitronensaft

AUSSERDEM

vegane Margarine und Paniermehl für die Form

ZUBEREITUNG

Den Backofen auf 180 °C (Ober-/Unterhitze) vorheizen. Die Kastenform einfetten und mit Paniermehl bestreuen.

Mehl, Stärke, Backpulver, Zucker und 1 Prise Salz in einer Rührschüssel mischen. Unter ständigem Rühren nach und nach Mineralwasser, Zitronensaft und Öl zugießen und alles zu einem glatten Teig verarbeiten. Zum Schluss die Zitronenschale unterheben.

Den Teig in die Kastenform füllen und im heißen Ofen (Mitte) 45 Minuten backen. Den Kuchen aus dem Ofen nehmen und in der Form abkühlen lassen, dann stürzen und auskühlen lassen.

Für den Guss den Puderzucker in eine Schüssel sieben und mit dem Zitronensaft glatt rühren. Von innen nach außen auf dem Kuchen verteilen.

ROSENTORTE

40 Min. (+ 25 Min. Backen + 3 Std. Wartezeit)
1 Springform (Ø 18 cm)

ZUTATEN

TEIG

450 g Mehl (Type 405)
135 ml Sojadrink
23 g frische Hefe
90 g Zucker
Salz
110 g zimmerwarme vegane Margarine
3 TL neutrales Pflanzenöl

BELAG

50 g vegane Margarine
30 g Zucker
90 g veganes Nuss-Nugat
50 g gehackte Mandeln
1 Msp. gemahlener Zimt
1 Msp. gemahlener Kardamom

ZUCKERGUSS

70 g Puderzucker

AUSSERDEM

vegane Margarine und Paniermehl für die Form
Mehl für die Arbeitsfläche

ZUBEREITUNG

Für den Teig aus Mehl, Sojadrink, Hefe, Zucker, 1 Prise Salz, Margarine und Öl einen Hefeteig herstellen (siehe S. 10) und 1 Stunde gehen lassen.

Den Backofen auf 200 °C (Ober-/Unterhitze) vorheizen. Die Springform einfetten und mit Paniermehl bestreuen.

Für den Belag in einem Topf Margarine, Zucker und Nugat erhitzen und zu einer glatten Masse rühren. In einer Pfanne ohne Fett die Mandeln mit den Gewürzen anrösten und unter die Nugatmasse heben.

Den aufgegangenen Hefeteig in vier gleich große Teile teilen. Diese auf einer bemehlten Arbeitsfläche zu jeweils 20 x 20 cm großen Quadraten ausrollen und mit der Nugatmasse bestreichen. Die Quadrate aufrollen und jeweils in vier gleich große Stücke schneiden, sodass insgesamt 16 Rollen entstehen.

Die Rollen mit der Schnittkante nach oben in die Springform setzen. Den Kuchen im heißen Ofen (Mitte) etwa 25 Minuten backen, aus dem Ofen nehmen und in der Form etwa 2 Stunden abkühlen lassen. Den Rand der Springform ablösen.

Für den Guss den Puderzucker mit 2 EL warmem Wasser glatt rühren, mit einem Pinsel den Kuchen damit rundherum einstreichen. 30 Minuten im Kühlschrank fest werden lassen.

BAUMKUCHEN

25 Min. (+ 35 Min. Backen + 2 Std. Wartezeit)

1 Springform (Ø 18 cm)

ZUTATEN

BODEN

150 ml Sojadrink
3 cl Rum (alternativ mehr Sojadrink)
35 g Marzipanrohmasse
30 g Sojamehl
270 g Zucker
Salz
225 g Mehl (Type 405)
150 ml neutrales Pflanzenöl
Mark von 1 Vanilleschote

ÜBERZUG

50 g vegane Konfitüre nach Wahl
80 g vegane Zartbitter-kuvertüre
1 TL neutrales Pflanzenöl

ZUBEREITUNG

Den Backofen auf 240 °C (Grillfunktion) vorheizen. Den Boden der Springform mit Backpapier auslegen.

Für den Boden zunächst den Sojadrink mit Rum in einem kleinen Topf bei geringer Hitze heiß werden lassen; nicht aufkochen. Die Marzipanrohmasse zugeben, mit dem Schneebesen glatt rühren und vom Herd nehmen.

In einer großen Rührschüssel Sojamehl und 6 EL Wasser mit dem elektrischen Handrührgerät cremig schlagen. Zucker und 1 Prise Salz untermengen. Nun zuerst den Marzipan-Rum-Drink, dann Mehl und Öl unter ständigem Rühren zugeben. Das Vanillemark unter den Teig heben.

1–2 EL Teig in die Springform füllen und glatt streichen. Bei 240 °C auf der oberen Schiene 2–3 Minuten goldbraun backen. Aus dem Ofen nehmen, wiederum 1–2 EL Teig aufstreichen und erneut 2–3 Minuten backen. Diesen Vorgang so oft wiederholen, bis der Teig aufgebraucht ist. (Vorsicht: Die Backzeit verkürzt sich, je näher der Kuchen den Grillstäben kommt!) Den Kuchen an einem kühlen Ort erkalten lassen.

Den Rand der Springform vorsichtig ablösen; zu dunkel gewordene Stellen des Kuchens wegschneiden. Backpapier abziehen, den Kuchen auf ein Gitter stellen.

Für den Überzug die Konfitüre in einem kleinen Topf erwärmen, den Kuchen damit einstreichen und 10 Minuten im Kühlschrank fest werden lassen. Inzwischen Zartbitterkuvertüre und das Öl über einem Wasserbad schmelzen. Den Kuchen damit überziehen und 1 Stunde im Kühlschrank fest werden lassen.

SCHOKO-MINZ-TORTE

40 Min. (+ 40 Min. Backen + 2 Std. Wartezeit)

1 Springform (Ø 18 cm) mit verstellbarem Tortenring

ZUTATEN

FÜLLUNG

300 ml Sojadrink
25 g veganes Sahnepuddingpulver
15 g Zucker
175 g zimmerwarme vegane Margarine
90 g Puderzucker
4 cl veganer Minzsirup
vegane grüne Lebensmittelfarbe

BODEN

180 g Mehl (Type 405)
2 gestrichene TL Backpulver
150 g Zucker
1 Prise Salz
20 g Backkakao
75 ml neutrales Pflanzenöl
175 ml kohlensäurehaltiges Mineralwasser

AUSSERDEM

Spritzbeutel mit Sterntülle
vegane Schokominztäfelchen
1–2 EL geraspelte vegane Zartbitterschokolade

ZUBEREITUNG

Für die Füllung aus Sojadrink, Puddingpulver und Zucker einen Pudding nach Packungsangabe zubereiten. 1–2 Stunden abkühlen lassen; gelegentlich umrühren.

Den Backofen auf 200 °C (Ober-/Unterhitze) vorheizen. Die Springform mit Backpapier auslegen.

Für den Boden aus allen Zutaten einen cremigen Teig rühren. In die Springform füllen und im heißen Ofen (Mitte) 35–40 Minuten backen. Aus dem Ofen nehmen, den Rand der Springform ablösen. Stürzen und das Backpapier abziehen. Den Kuchenboden komplett auskühlen lassen.

Für die Füllung in einer Schüssel Margarine und Puderzucker schaumig schlagen. Pudding esslöffelweise darunterziehen. Zuletzt Minzsirup und Lebensmittelfarbe einrühren. 1–2 EL Pudding-Minz-Creme in einen Spritzbeutel mit Sterntülle füllen und kühl stellen, restliche Creme dritteln.

Den Kuchenboden zweimal vorsichtig waagerecht durchschneiden. Um den ersten Boden den Tortenring legen, ein Drittel der Füllung darauf verteilen. Den zweiten Boden darauflegen, leicht andrücken und ebenfalls ein Drittel der Füllung daraufstreichen. Den letzten Boden aufsetzen und andrücken. Die Torte 20 Minuten in den Kühlschrank stellen.

Tortenring ablösen. Übrige Creme auf der Torte verteilen; auch die Ränder ein wenig bestreichen. Mit dem Spritzbeutel kleine Tuffs oben rundherum aufspritzen. Die Minztäfelchen ringsum an den Rand kleben und die Torte mit Schokoraspeln bestreuen. Nochmals 40 Minuten im Kühlschrank fest werden lassen.

Tipp
Gleichmäßiger und ohne
schwieriges Schneiden:
Dritteln Sie den Teig und
backen Sie die Böden ein-
zeln jeweils 13 Minu-
ten bei 200 °C.

SCHWARZWÄLDER KIRSCHTORTE

 50 Min. (+ 15 Min. Backen + 2,5 Std. Wartezeit)

2 Springformen (Ø 24 cm) mit verstellbarem Tortenring

ZUTATEN

BODEN

300 g Mehl (Type 405)
100 g Speisestärke
1 Pck. Backpulver
1 Pck. Vanillezucker
190 g Zucker
30 g Backkakao
1 Prise Salz
320 ml kohlensäurehaltiges Mineralwasser
8 EL neutrales Pflanzenöl

KIRSCHFÜLLUNG

1 Glas Sauerkirschen mit Saft (Abtropfgewicht 350 g)
25 g Speisestärke
25 g Zucker
3 EL Kirschwasser

CREMEFÜLLUNG

100 g Kokosöl
600 g Soja-Schlagcreme
2 Pck. Sahnesteif
60 g Zucker

AUSSERDEM

70 g vegane Schokoraspel
12 Belegkirschen

ZUBEREITUNG

Den Backofen auf 180 °C (Ober-/Unterhitze) vorheizen. Die Springformen mit Backpapier auslegen.

Für die Böden die trockenen Zutaten in einer Schüssel mischen. In einem anderen Gefäß Mineralwasser und Öl verquirlen, unter ständigem Rühren nach und nach zur Mehlmischung geben und mit dem Handrührgerät zu einem glatten Teig verarbeiten. Den Teig halbieren und in die Springformen füllen. Im heißen Ofen (Mitte) 15 Minuten backen.

Den fertigen Biskuit aus dem Ofen nehmen, den Rand der Springformen ablösen und die Böden an einem kühlen Ort etwa 20 Minuten erkalten lassen.

Für die Kirschfüllung die Sauerkirschen abtropfen lassen; dabei 200 ml Sauerkirschsaft auffangen. 2–3 EL vom Saft abnehmen, mit der Stärke glatt rühren, den Zucker untermischen. Den übrigen Kirschsaft in einem Topf zum Kochen bringen. Die Stärkemischung klümpchenfrei einrühren, nochmals kurz aufkochen. Anschließend vom Herd nehmen, die Kirschen und das Kirschwasser untermengen. Die Füllung 10 Minuten abkühlen lassen. Den Tortenring um den ersten Boden legen, die Kirschmasse darauf verteilen und alles nochmals 20 Minuten kalt stellen.

Für die Cremefüllung das Kokosöl schmelzen und lauwarm abkühlen lassen. Dann die Schlagcreme mit Sahnesteif und Zucker aufschlagen, das Kokosöl unterrühren und die Masse 20 Minuten kalt stellen. Nun 2–3 EL Creme in einen Spritzbeutel mit Sterntülle füllen und diesen wieder kühl stellen.

WEITER GEHT'S

Die restliche Creme halbieren. Eine Hälfte auf den Kirschboden geben. Den zweiten Boden auflegen und leicht andrücken, damit sich die Creme gut verteilt. Den Kuchen und die zweite Hälfte der Creme mindestens 1½ Stunden kühl stellen.

Dann den Tortenring ablösen, die Torte mit der übrigen Creme einstreichen und mit den Schokoraspeln bedecken. Mit dem Spritzbeutel 12 kleine Tuffs spritzen und je 1 Belegkirsche daraufsetzen.

KIWITORTE MIT WEISSER SCHOKOMOUSSE

 30 Min. (+ 15 Min. Backen + 3+ Std. Wartezeit)

 1 Springform (Ø 18 cm) mit verstellbarem Tortenring

ZUTATEN

BODEN

80 g Mehl (Type 405)
20 g Speisestärke
1 gestrichener TL Backpulver
40 g Zucker
1 Prise Salz
50 ml Sojadrink
50 ml neutrales Pflanzenöl
25 ml kohlensäurehaltiges Mineralwasser

FÜLLUNG

300 g Soja-Schlagcreme
1 Pck. Sahnesteif
100 g weiße Reismilchschokolade (alternativ weiße vegane Schokonuggets)

BELAG

3 Kiwis
1 Pck. veganer Tortenguss
2 EL Zucker

ZUBEREITUNG

Den Backofen auf 200 °C (Ober-/Unterhitze) vorheizen. Die Springform mit Backpapier auskleiden.

Für den Boden aus allen Zutaten einen cremigen Teig rühren. Den Teig in die Springform füllen und im heißen Ofen (Mitte) etwa 15 Minuten backen.

Aus dem Ofen nehmen. Den Rand der Springform ablösen, den Tortenboden stürzen, vom Backpapier befreien und vollständig abkühlen lassen.

Für die Füllung die Schlagcreme mit dem Sahnesteif gut aufschlagen. Die Schokolade bei geringer Hitze über einem Wasserbad schmelzen und noch warm (nicht heiß!) unter die Creme ziehen. Einige Minuten in den Kühlschrank stellen.

Inzwischen für den Belag die Kiwis schälen und in etwa ½ cm dünne Scheiben schneiden.

Den Tortenring um den ausgekühlten Boden legen und die Schokocreme gleichmäßig darauf verteilen. Kiwischeiben überlappend kreisförmig, am besten von außen nach innen, auf der Creme anordnen und leicht andrücken.

Tortenguss mit 240 ml Wasser und Zucker nach Packungsangabe zubereiten und gleichmäßig auf der Kiwischicht verteilen. 3–4 Stunden im Kühlschrank fest werden lassen.

Tipp
Eine intensivere Farb-
wirkung erzielen Sie,
wenn Sie einen Klecks
grüne Lebensmittelfarbe
mit in den Torten-
guss geben.

QUARKKUCHEN OHNE QUARK

30 Min. (+ 40 Min. Backen + 2 Std. Wartezeit)
1 Springform (Ø 18 cm)

ZUTATEN

FÜLLUNG

25 g Rosinen
2–3 cl Rum (alternativ Sojadrink)
5 g Speisestärke
60 g Zucker
50 g zimmerwarme vegane Margarine
230 g Seidentofu
150 g Soja-Joghurtalternative (Vanille)

BODEN

125 g Mehl (Type 405)
1 leicht gehäufter TL Backpulver
80 g Zucker
1 Prise Salz
70 g zimmerwarme vegane Margarine

AUSSERDEM

Puderzucker zum Bestäuben

ZUBEREITUNG

Für die Füllung die Rosinen in den Rum einlegen. Beiseitestellen.

Den Backofen auf 180 °C (Ober-/Unterhitze) vorheizen.

Für den Boden alle Zutaten zu einem Teig verkneten und in eine Springform drücken; dabei einen 2–3 cm hohen Rand formen.

Für die Füllung die Rosinen abtropfen lassen, den Rum auffangen und mit der Stärke glatt rühren.

In einer Rührschüssel Zucker und Margarine mit dem elektrischen Handrührgerät cremig schlagen. Seidentofu, Sojajoghurt und Stärkemischung zugeben und glatt rühren. Die Rosinen unterheben. Alles in die Springform füllen und im heißen Ofen (Mitte) etwa 40 Minuten backen.

Den Kuchen mindestens 2 Stunden in der Form auskühlen lassen, bis die Masse fest ist; am besten über Nacht in den Kühlschrank stellen. Zum Servieren mit Puderzucker bestäuben.

PFANNKUCHENTORTE

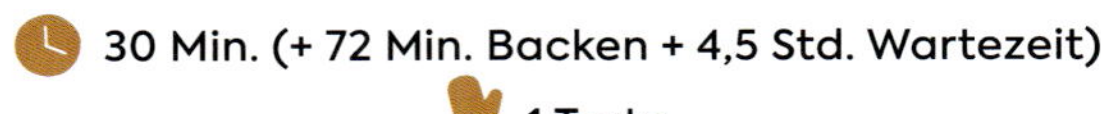

30 Min. (+ 72 Min. Backen + 4,5 Std. Wartezeit)

1 Torte

ZUTATEN

PFANNKUCHEN

400 g Mehl (Type 405)
2 leicht gehäufte TL Backpulver
20 g Sojamehl
50 g Zucker
2 Msp. gemahlener Zimt
Salz
350 ml Sojadrink
400 ml naturtrüber Apfelsaft

FÜLLUNG

120 g Kokosöl
300 g Soja-Schlagcreme
1 Pck. Sahnesteif
40 g Zucker
150 g veganes Apfelmus

APFELKOMPOTT

1 Apfel
1 EL frisch gepresster Zitronensaft
1 EL Zucker
100 ml + 1 EL naturtrüber Apfelsaft
5 g Speisestärke

AUSSERDEM

60 g Pflanzenfett zum Ausbacken
1 EL Zucker für die Tortenplatte
1 EL veganer Haselnusskrokant

ZUBEREITUNG

Mehl, Backpulver, Sojamehl, Zucker, Zimt und 1 Prise Salz in einer großen Rührschüssel mischen. In einem anderen Gefäß Sojadrink und Apfelsaft verquirlen, unter ständigem Rühren nach und nach zur Mehlmischung geben und mit dem elektrischen Handrührgerät zu einem glatten Teig verarbeiten. 10 Minuten ruhen lassen.

5 g Pflanzenfett zum Ausbacken in der Pfanne erhitzen, 3–4 EL Teig hineingeben. Durch Schwenken auf dem Pfannenboden verteilen oder mit einem Löffel glatt streichen. Den Pfannkuchen auf beiden Seiten je 2–3 Minuten goldbraun backen. Beiseitestellen. Auf diese Weise 11–12 Pfannkuchen backen und etwa 20 Minuten abkühlen lassen.

Für die Füllung das Kokosöl schmelzen, dann lauwarm abkühlen lassen. Die Schlagcreme mit Sahnesteif und Zucker aufschlagen. Zuerst das Apfelmus, dann das Kokosöl mit dem Handrührgerät untermengen. Die Apfelcreme 20 Minuten kalt stellen.

Zucker auf der Tortenplatte verteilen, damit die Torte nicht anklebt. Den ersten Pfannkuchen darauflegen und mit etwa 1 EL Apfelcreme bestreichen. Darauf abwechselnd Pfannkuchen und Creme schichten, bis alles aufgebraucht ist; mit Creme abschließen. Die Torte mindestens 4 Stunden in den Kühlschrank stellen.

Für das Apfelkompott den Apfel schälen, putzen, in kleine Stücke schneiden und mit Zitronensaft und Zucker vermengen. In einem Topf mit 100 ml Apfelsaft etwa 7 Minuten köcheln lassen. Die Stärke mit 1 EL Apfelsaft glatt rühren und unter ständigem Rühren zur Apfelmasse geben. 1 Minute weiterköcheln lassen. Das Apfelkompott etwa 20 Minuten abkühlen lassen, dann auf der Torte verteilen und Haselnusskrokant darüberstreuen.

MAULWURFTORTE

40 Min. (+ 40 Min. Backen + 2,5 Std. Wartezeit)

 1 Springform (Ø 18 cm)

ZUTATEN

BODEN

200 g Mehl (Type 405)
2 gestrichene TL Backpulver
120 g Zucker
20 g Backkakao
Salz
100 ml kohlensäurehaltiges Mineralwasser
75 ml Sojadrink
2 cl veganer Schokosirup
65 g zimmerwarme vegane Margarine

FÜLLUNG

75 g Kokosöl
300 g Soja-Schlagcreme
15 g Puderzucker
1 Pck. Sahnesteif
50 g vegane Zartbitterschokolade
2–3 kleine Bananen

ZUBEREITUNG

Den Backofen auf 200 °C (Ober-/Unterhitze) vorheizen. Die Springform mit Backpapier auslegen.

Für den Boden Mehl, Backpulver, Zucker, Kakaopulver und 1 Prise Salz in einer Rührschüssel mischen. Dann das Mineralwasser, den Sojadrink und den Schokosirup unter ständigem Rühren nach und nach dazugießen. Zuletzt die Margarine gründlich einarbeiten, sodass ein glatter, cremiger Teig entsteht.

Den Teig in die Springform füllen und im heißen Ofen (Mitte) etwa 40 Minuten backen. Aus dem Ofen nehmen, abkühlen lassen, dann den Rand der Springform ablösen.

Den Kuchenboden vorsichtig ringsum im Abstand von etwa 1 cm zum Rand mit einem Messer einritzen. Innerhalb dieser Markierung den Kuchenboden mit einem Esslöffel etwa 1½ cm tief aushöhlen, sodass nur der Rand und der Boden stehen bleiben. Das Innere in Krümel zupfen und beiseitestellen.

Für die Füllung das Kokosöl schmelzen, dann lauwarm abkühlen lassen. Die Schlagcreme mit Puderzucker und Sahnesteif aufschlagen, das lauwarme Kokosöl unterziehen. Die Schokolade grob hacken und vorsichtig unter die Masse heben.

2 EL von der Schokocreme auf den ausgehöhlten Boden streichen. Die Bananen schälen, halbieren und darauflegen. Die restliche Creme leicht kuppelförmig auf der Bananenschicht verteilen.

Zum Schluss die beiseitegestellten Kuchenkrümel auf die Torte streuen, ggf. leicht andrücken. Die Torte 2–3 Stunden im Kühlschrank fest werden lassen.

BROMBEERTORTE

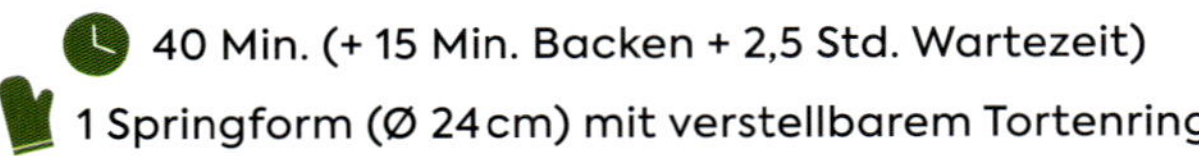
40 Min. (+ 15 Min. Backen + 2,5 Std. Wartezeit)
1 Springform (Ø 24 cm) mit verstellbarem Tortenring

ZUTATEN

BODEN

50 g Cashewkerne
2 Msp. gemahlener Anis
1 Msp. gemahlener Zimt
1 EL Agavendicksaft
160 g Mehl (Type 405)
10 g Speisestärke
1 leicht gehäufter TL Backpulver
90 g Zucker
Salz
80 ml Sojadrink
40 ml kohlensäurehaltiges Mineralwasser
80 ml neutrales Pflanzenöl

FÜLLUNG

100 g Kokosöl
400 g Soja-Schlagcreme
2 Pck. Sahnesteif
50 g Zucker

GUSS

200 g Brombeeren
1 Pck. veganer Tortenguss
2 EL Zucker
vegane blaue Lebensmittelfarbe

AUSSERDEM

25 g Cashewkerne als Garnitur

ZUBEREITUNG

Den Backofen auf 200 °C (Ober-/Unterhitze) vorheizen. Die Springform mit Backpapier auslegen.

Für den Boden die Cashewkerne fein hacken und mit Anis und Zimt in einer kleinen Pfanne anrösten. Vom Herd nehmen, den Agavendicksaft unterheben.

In einer großen Rührschüssel Mehl, Stärke, Backpulver, Zucker und 1 Prise Salz mischen. In einem anderen Gefäß Sojadrink, Mineralwasser und Öl verquirlen, unter ständigem Rühren nach und nach zur Mehlmischung geben und alles mit dem elektrischen Handrührgerät zu einem glatten Teig verarbeiten. Die gerösteten Nüsse und Gewürze darunterziehen.

Den Teig in die Springform füllen, glatt streichen und im heißen Ofen (Mitte) 15 Minuten backen. Aus dem Ofen nehmen und den Rand der Springform ablösen. Den Boden stürzen, Backpapier abziehen. Etwa 30 Minuten abkühlen lassen. Für die Füllung das Kokosöl schmelzen, dann lauwarm abkühlen lassen. Die Schlagcreme mit Sahnesteif und Zucker aufschlagen; das Kokosöl nach und nach unterrühren.

Um den ausgekühlten Boden den Tortenring legen. Die Creme darauf verteilen und glatt streichen. Brombeeren waschen, trocken tupfen und auf der Creme verteilen. Die Torte mindestens 1½ Stunden im Kühlschrank fest werden lassen.

Aus Tortengusspulver, Zucker und 250 ml Wasser einen Guss nach Packungsangabe anrühren und sofort mit blauer Lebensmittelfarbe einfärben. Gleichmäßig auf der Torte verteilen, diese nochmals 30 Minuten kalt stellen. Zum Servieren die Cashewkerne grob hacken und den Kuchen damit dekorieren.

KAFFEETORTE

 40 Min. (+ 20 Min. Backen + 80 Min. Wartezeit)

 2 Springformen (je Ø 18 cm) mit verstellbarem Tortenring

ZUTATEN

BODEN

35 g vegane Zartbitterschokolade
150 g Mehl (Type 405)
1 leicht gehäufter TL Backpulver
100 g Zucker
20 g Backkakao
Salz
3 EL neutrales Pflanzenöl
175 ml kohlensäurehaltiges Mineralwasser

FÜLLUNG

100 g Kokosöl
20 g geröstete Kaffeebohnen
300 g Soja-Schlagcreme
2 Pck. Sahnesteif
30 ml veganer Kaffeesirup

AUSSERDEM

8–12 geröstete ganze Kaffeebohnen
1 EL Backkakao als Garnitur

ZUBEREITUNG

Den Backofen auf 180 °C (Ober-/Unterhitze) vorheizen. Die beiden Springformen mit Backpapier auslegen.

Für den Boden die Schokolade über einem Wasserbad schmelzen.

In einer Rührschüssel Mehl, Backpulver, Zucker, Kakaopulver und 1 Prise Salz mischen. Öl und Mineralwasser verquirlen, unter ständigem Rühren nach und nach zur Mehlmischung geben und mit dem elektrischen Handrührgerät zu einem glatten Teig verarbeiten. Zuletzt die geschmolzene Schokolade unterheben.

Den Teig halbieren, jede Hälfte in eine Springform füllen. Die beiden Böden im heißen Ofen (Mitte) 20 Minuten backen. Aus dem Ofen nehmen, den Rand der Springform ablösen, die Böden stürzen, von Springformboden und Backpapier befreien und etwa 20 Minuten abkühlen lassen.

Für die Füllung das Kokosöl schmelzen, dann lauwarm abkühlen lassen. Geröstete Kaffeebohnen grob hacken. Schlagcreme mit Sahnesteif aufschlagen, das Kokosöl unterrühren. Zuletzt den Kaffeesirup und die Kaffeebohnen unterziehen. 1–2 EL Kaffee-Kokosöl-Creme in einen Spritzbeutel mit Sterntülle füllen und kühl stellen, die restliche Creme halbieren.

Um einen Boden den Tortenring legen. Eine Hälfte der Creme darauf verteilen. Den zweiten Boden darauflegen, leicht andrücken und die Torte 1 Stunde in den Kühlschrank stellen.

Den Tortenring lösen, die restliche Creme auf der Torte verteilen. Das Kakaopulver über die Creme sieben. Mit dem Spritzbeutel gleichmäßig rundherum kleine Tuffs aufspritzen und je 1 ganze Kaffeebohne daraufsetzen.

BIENENSTICHTORTE

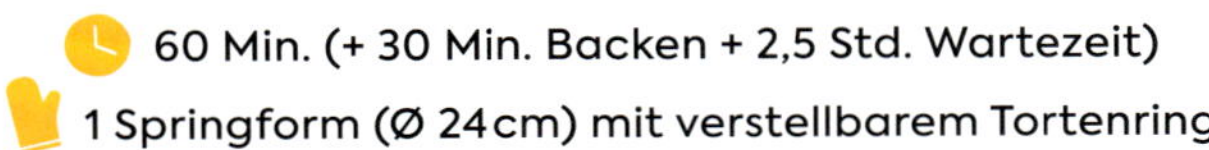

60 Min. (+ 30 Min. Backen + 2,5 Std. Wartezeit)

1 Springform (Ø 24 cm) mit verstellbarem Tortenring

ZUTATEN

BODEN

200 g Mehl (Type 405)
65 ml Sojadrink
10 g frische Hefe
40 g Zucker
Salz
30 g zimmerwarme vegane Margarine
2 EL neutrales Pflanzenöl

FÜLLUNG

200 ml Sojadrink
½ Pck. veganes Vanillepuddingpulver
40 g Zucker
100 g zimmerwarme vegane Margarine

BELAG

75 g vegane Margarine
75 g Zucker
100 ml Sojacreme Cuisine
150 g Mandelblättchen

AUSSERDEM

Mehl für die Arbeitsfläche
vegane Margarine und Paniermehl für die Form

ZUBEREITUNG

Für den Kuchenboden aus Mehl, Sojadrink, Hefe, Zucker, 1 Prise Salz, Margarine und 1 EL Öl einen Hefeteig herstellen (siehe S. 10) und 1 Stunde gehen lassen.

Für die Füllung aus Sojadrink, Vanillepuddingpulver und Zucker einen Pudding nach Packungsangabe zubereiten und mindestens 1 Stunde abkühlen lassen; dabei gelegentlich umrühren.

Den Backofen auf 200 °C (Ober-/Unterhitze) vorheizen. Die Springform einfetten und mit Paniermehl bestreuen.

Den Hefeteig teilen und auf einer bemehlten Arbeitsfläche zu zwei runden, springformgroßen Platten ausrollen. Die erste Platte in die Form geben; Ränder ggf. abschneiden. Mit 1 EL Öl einstreichen und die zweite Platte darauflegen (so lässt sich diese später nach dem Backen einfach lösen).

Für den Belag in einem Topf die Margarine zerlassen und den Zucker darin auflösen. Die Sojacreme einrühren und aufkochen. Zum Schluss die Mandeln unterheben und nochmals kurz aufkochen.

Den Belag möglichst gleichmäßig auf den oberen Boden streichen. Den Kuchen im heißen Ofen (Mitte) 30 Minuten backen. Aus dem Ofen nehmen und an einem kühlen Ort mindestens 1 Stunde erkalten lassen. Dann den Rand der Springform ablösen und die Teigplatten vorsichtig voneinander trennen.

Inzwischen für die Füllung die Margarine mit dem elektrischen Handrührgerät cremig schlagen und den kalten Pudding esslöffelweise unterrühren. Um den unteren Boden den Tortenring legen. Die Füllung daraufgeben und den Deckel aufsetzen. Den Kuchen mindestens 1½ Stunden im Kühlschrank fest werden lassen.

GRANATAPFELTORTE

30 Min. (+ 20 Min. Backen + 3+ Std. Wartezeit)
1 Springform (Ø 18 cm) mit verstellbarem Tortenring

ZUTATEN

BODEN
80 g Mehl (Type 405)
10 g Speisestärke
1 gestrichener TL Backpulver
50 g Zucker
1 Prise Salz
15 g Kokosraspel
50 ml Sojadrink
50 ml neutrales Pflanzenöl
25 ml kohlensäurehaltiges Mineralwasser

FÜLLUNG
100 g Kokosöl
300 g Soja-Schlagcreme
1 Pck. Sahnesteif
30 g Puderzucker
200 g Soja-Joghurtalternative (Vanille)
100 g Granatapfelkerne (von etwa ½ Granatapfel)

GELEEGUSS
1 Pck. veganer Tortenguss
2 EL Granatapfelsirup
rote Lebensmittelfarbe

ZUBEREITUNG

Den Backofen auf 200 °C (Ober-/Unterhitze) vorheizen. Die Springform mit Backpapier auslegen.

Für den Boden alle Zutaten zu einem festen, aber geschmeidigen Teig verrühren. In die Springform füllen und glatt streichen. Den Boden im heißen Ofen (Mitte) 15–20 Minuten backen.

Aus dem Ofen nehmen, den Rand der Springform ablösen, den Tortenboden stürzen, vom Backpapier befreien und vollständig abkühlen lassen.

Inzwischen für die Füllung bei geringer Hitze das Kokosöl schmelzen und lauwarm abkühlen lassen. Die Schlagcreme mit Sahnesteif aufschlagen, den Puderzucker darübersieben und samt dem Joghurt unterrühren. Das Kokosöl unter ständigem Rühren esslöffelweise dazugeben. Zum Schluss die Granatapfelkerne unter die Masse heben.

Den verstellbaren Tortenring um den Boden legen und die Füllung gleichmäßig darauf verteilen.

Für den Guss das Tortengusspulver mit 240 ml kaltem Wasser, Granatapfelsirup und etwas roter Lebensmittelfarbe in einen Topf geben und unter ständigem Rühren zum Kochen bringen. Vom Herd nehmen, etwa 1 Minute abkühlen lassen, dann den Guss esslöffelweise von der Mitte her auf der Creme verteilen. Die Torte etwa 3–4 Stunden im Kühlschrank fest werden lassen.

SCHOKOLADENTORTE

40 Min. (+ 1 Std. Backen + 2 Std. Wartezeit)

4 Springformen (je Ø 18 cm) mit verstellbarem Tortenring

ZUTATEN

BODEN

150 g Mehl (Type 405)
20 g Speisestärke
2 gestrichene TL Backpulver
110 g Zucker
Salz
15 g Backkakao
1 Msp. gemahlener Kardamom
160 ml kohlensäurehaltiges Mineralwasser
75 ml neutrales Pflanzenöl
2 cl veganer Schokosirup
50 g vegane Zartbitterschokolade

FÜLLUNG

400 g Soja-Schlagcreme
1 Pck. Sahnesteif
125 g vegane Zartbitterkuvertüre

AUSSERDEM

veganes Schokoladendekor
1–2 EL fein gehackte vegane Zartbitterschokolade

ZUBEREITUNG

Den Backofen auf 180 °C (Ober-/Unterhitze) vorheizen. Die Springformen mit Backpapier auslegen.

Für den Boden Mehl, Stärke, Backpulver, Zucker, 1 Prise Salz, Kakaopulver und Kardamom in einer Rührschüssel mischen. In einem Gefäß Mineralwasser, Öl und Schokosirup verquirlen, unter ständigem Rühren nach und nach zur Mehlmischung geben und mit dem Handrührgerät zu einem glatten Teig verarbeiten. Die Schokolade über einem Wasserbad schmelzen, unter den Teig rühren.

Den Teig in vier gleich große Teile teilen, in die Springformen füllen und im heißen Ofen (Mitte) jeweils etwa 15 Minuten backen. Aus dem Ofen nehmen, den Rand der Springform ablösen, Kuchenboden stürzen und das Backpapier entfernen. An einem kühlen Ort etwa je 20 Minuten erkalten lassen.

Für die Füllung die Soja-Schlagcreme mit Sahnesteif aufschlagen. Kuvertüre über einem Wasserbad schmelzen, kurz abkühlen lassen und unter die geschlagene Creme ziehen. 1–2 EL Schokocreme in einen Spritzbeutel mit Sterntülle füllen und in den Kühlschrank legen; die restliche Creme vierteln.

Um den ersten Boden den Tortenring legen. Ein Viertel der Creme darauf verteilen, den zweiten Boden auflegen und leicht andrücken. Nun abwechselnd Creme und Böden schichten. 30 Minuten im Kühlschrank fest werden lassen.

Den Tortenring lösen und die restliche Creme auf der Torte verteilen; dabei auch die Ränder ein wenig bestreichen. Mit dem Spritzbeutel kleine Tuffs aufspritzen, Schokodekor daraufsetzen, mit gehackter Schokolade garnieren und 1 Stunde im Kühlschrank fest werden lassen.

PRINZREGENTENTORTE

40 Min. (+ 32 Min. Backen + mind. 24 Std. Wartezeit)

1 Backblech (31 x 38 cm) mit verstellbarem Tortenring

ZUTATEN

FÜLLUNG

300 ml Sojadrink
25 g veganes Schokopuddingpulver
50 g Zucker
150 g zimmerwarme vegane Margarine
25 g Puderzucker

BODEN

20 g Sojamehl
10 EL Sojadrink
250 g zimmerwarme vegane Margarine
200 g Zucker
Salz
180 g Mehl (Type 405)
2 leicht gehäufte TL Backpulver
60 g Speisestärke
Mark von 1 Vanilleschote

SCHOKOLADENGUSS

100 g vegane Zartbitterkuvertüre
1 TL neutrales Pflanzenöl

AUSSERDEM

gehackte vegane Schokolade und Schokoladendekor als Garnitur

ZUBEREITUNG

Für die Füllung aus Sojadrink, Puddingpulver und Zucker nach Packungsangabe einen Pudding zubereiten. Bei Zimmertemperatur abkühlen lassen; gelegentlich umrühren.

Den Backofen auf 220 °C (Ober-/Unterhitze) vorheizen. Das Blech mit Backpapier auslegen. Den verstellbaren Tortenring mit etwa 18 cm Durchmesser daraufstellen, dabei genug Platz für einen zweiten 18-cm-Ring lassen.

Für den Kuchenboden Sojamehl und Sojadrink in einer großen Schüssel glatt rühren. Zuerst die Margarine, dann Zucker und 1 Prise Salz unterziehen, alles cremig schlagen. Mehl, Backpulver und Stärke mischen und unter Rühren nach und nach zur Masse geben. Vanillemark darunterheben.

Etwa 2 EL Teig in den Tortenring auf das Blech geben und glatt streichen. Den Ring vorsichtig abnehmen, danebenstellen, ebenso füllen und wieder abnehmen. Die beiden Böden auf der mittleren Schiene 7–8 Minuten goldbraun backen. Herausnehmen, samt Backpapier auf eine ebene Fläche legen. Vorsicht, die Böden brechen leicht! Dreimal wiederholen, bis 7–8 Böden entstanden sind.

Für die Füllung Margarine und Puderzucker zu einer glatten Masse verarbeiten. Abgekühlten Pudding esslöffelweise unterschlagen. 2–3 EL Creme abnehmen und in einem gut verschlossenen Gefäß kalt stellen.

Einen Boden vorsichtig vom Backpapier lösen, auf eine Tortenplatte geben, Tortenring umlegen. 1 gut gehäuften EL Creme darauf verteilen. Zweiten Boden auflegen, leicht andrücken. Abwechselnd Creme und Böden aufschichten, mit Boden abschließen. Torte samt Ring mit Alu- oder Klarsichtfolie abdecken, mindestens 24 Stunden kalt stellen.

WEITER GEHT'S

Am nächsten Tag den Tortenring abnehmen. Kuvertüre im Wasserbad schmelzen, Öl unterrühren. Schokoguss auf der Torte verteilen, 1 Stunde im Kühlschrank fest werden lassen.

Die am Vortag abgenommene Creme in einen Spritzbeutel mit Sterntülle füllen, gleichmäßig rundherum Tuffs aufspritzen. Mit Schokolade und Schokodekor dekorieren.

TARTE TATIN

40 Min. (+ 35 Min. Backen + 20 Min. Wartezeit)
1 Tarteform (Ø 28 cm) oder 4 Tarteformen (je Ø 14 cm)

ZUTATEN

TEIG

½ Rezept Plunderteig nach Grundrezept (siehe S. 12)

FÜLLUNG

4–5 Äpfel
2 EL frisch gepresster Zitronensaft
100 g Puderzucker
100 g vegane Margarine

AUSSERDEM

Mehl für die Arbeitsfläche
Puderzucker zum Bestäuben

ZUBEREITUNG

Plunderteig nach Grundrezept herstellen (siehe S. 12) und 30 Minuten im Kühlschrank ruhen lassen.

Für die Füllung die Äpfel schälen, vom Kerngehäuse befreien, in Spalten schneiden und mit dem Zitronensaft vermengen.

Den Backofen auf 200 °C (Ober-/Unterhitze) vorheizen.

Puderzucker und 4 EL Wasser in einer Tarteform glatt rühren (oder auf vier kleine Formen aufteilen) und auf dem Herd bei geringer Hitze 4–5 Minuten köcheln lassen. Die Margarine einrühren. Die Apfelspalten fächerförmig darauflegen und bei geringer Hitze nochmals 4–5 Minuten köcheln lassen.

Inzwischen den Plunderteig auf einer bemehlten Arbeitsfläche rund ausrollen, bis er die Größe der Tarteform(en) hat. Die Form vom Herd nehmen und den Plunderteig auf die Äpfel legen.

Die Tarte Tatin im heißen Ofen (Mitte) 25 Minuten backen. Aus dem Ofen nehmen, 5 Minuten abkühlen lassen, dann auf einen Teller stürzen. Warm genießen oder abkühlen lassen und mit Puderzucker bestäubt servieren.

Achten Sie darauf, dass die Puderzucker-Wasser-Mischung auf dem Herd nicht zu dunkel wird, sonst schmeckt die Tarte später bitter.

HIMBEER-VANILLE-TARTE

 40 Min. (+ 50 Min. Backen + 65 Min. Wartezeit)

 1 Tarteform (Ø 24 cm)

ZUTATEN

BODEN

210 g Mehl (Type 405)
90 g Zucker
1 Prise Salz
100 g zimmerwarme vegane Margarine
1 EL Sojadrink
1 EL frisch gepresster Zitronensaft

FÜLLUNG

10 g Speisestärke
3 EL Sojadrink
180 g Himbeeren (alternativ TK, aufgetaut und abgetropft)
240 g Seidentofu
40 g Zucker
1–2 Msp. gemahlene Kurkuma
Mark von 1 Vanilleschote
2 EL Paniermehl

AUSSERDEM

Hülsenfrüchte zum Blindbacken
Puderzucker zum Bestäuben

ZUBEREITUNG

Für den Boden alle Zutaten zu einem Teig verkneten und 20 Minuten ruhen lassen.

Den Backofen auf 200 °C (Ober-/Unterhitze) vorheizen.

Für die Füllung die Stärke mit dem Sojadrink glatt rühren. Die Himbeeren waschen und trocken tupfen. Beiseitestellen.

In einer Schüssel Seidentofu, Zucker, Stärkemischung, Kurkuma und Vanillemark mit dem elektrischen Handrührgerät vermengen. Die Masse in einen Spritzbeutel mit Lochtülle füllen.

Eine Tarteform mit dem Teig auskleiden, einen 1½ cm hohen Rand formen und alles gut andrücken. Backpapier darauflegen, die Hülsenfrüchte auf dem Backpapier verteilen und den Teig im heißen Ofen (unten) 15 Minuten blindbacken. Backpapier und Hülsenfrüchte entfernen, den Boden auf die mittlere Schiene schieben und weitere 10 Minuten backen.

Aus dem Ofen nehmen und die Tarte mit 2 EL Paniermehl bestreuen. Darauf die Himbeeren dicht nebeneinander in drei konzentrischen Kreisen anordnen. Die Seidentofu-Masse in die Zwischenräume spritzen.

Die Tarte im heißen Ofen (Mitte) 25 Minuten fertig backen. Herausnehmen und mindestens 2 Stunden abkühlen lassen; mit Puderzucker bestäuben (oder warm genießen; dann etwa 45 Minuten abkühlen lassen).

ZITRONENTARTE

40 Min. (+ 45 Min. Backen + 2 Std. Wartezeit)

1 Tarteform (Ø 28 cm)

ZUTATEN

BODEN

250 g Mehl (Type 405)
2 gestrichene TL Backpulver
150 g Zucker
1 Prise Salz
100 g zimmerwarme vegane Margarine
3 EL Sojadrink

FÜLLUNG

100 g vegane Margarine
1½ Pck. veganes Vanillepuddingpulver
100 ml Sojadrink
140 g Zucker
300 g Soja-Joghurtalternative
3 EL frisch gepresster Zitronensaft

AUSSERDEM

Puderzucker zum Bestäuben
Zesten von 1 Bio-Zitrone als Garnitur

ZUBEREITUNG

Den Backofen auf 180 °C (Ober-/Unterhitze) vorheizen.

Für den Boden alle Zutaten zu einem Teig verkneten und die Tarteform samt Rand damit auskleiden.

Für die Füllung die Margarine bei geringer Hitze zerlassen und wieder abkühlen lassen. Das Vanillepuddingpulver in einer großen Rührschüssel mit dem Sojadrink glatt rühren. Nach und nach Zucker, Sojajoghurt und Margarine dazugeben. Zuletzt den Zitronensaft unterrühren.

Die Masse in die Tarteform füllen und im heißen Ofen (Mitte) 45 Minuten backen. Den Kuchen mindestens 2 Stunden vollständig abkühlen lassen. Mit Puderzucker bestäuben und mit den Zitronenzesten dekorieren.

Tipp

Damit weniger Risse in der Tarte entstehen, lassen Sie sie komplett im Ofen auskühlen. Lösen Sie zudem evtl. 10 Minuten nach Backende den Teig vorsichtig vom Rand.

SCHOKOLADENTARTE

30 Min. (+ 40 Min. Backen + 1,5 Std. Wartezeit)

1 Tarteform (Ø 26 cm)

ZUTATEN

BODEN

200 g Mehl (Type 405)
80 g Zucker
1 Prise Salz
10 g Backkakao
100 g zimmerwarme vegane Margarine
2 EL Sojadrink
1 EL neutrales Pflanzenöl

FÜLLUNG

125 ml Sojadrink
10 g Speisestärke
150 g vegane Zartbitterschokolade
200 ml Soja-Schlagcreme
2 Msp. gemahlener Kardamom

SCHOKOLADENGUSS

60 g vegane Zartbitterkuvertüre
1 TL neutrales Pflanzenöl

AUSSERDEM

gehackte vegane Zartbitterschokolade

ZUBEREITUNG

Für den Tarteboden alle Zutaten zu einem glatten Teig verkneten. Zu einer Kugel formen, in Klarsichtfolie wickeln und 30 Minuten im Kühlschrank ruhen lassen.

Den Backofen auf 200 °C (Ober-/Unterhitze) vorheizen.

Für die Füllung 3–4 EL Sojadrink mit der Stärke in einer kleinen Schüssel glatt rühren. Den übrigen Sojadrink mit Schokolade, Schlagcreme und Kardamom in einem Topf zum Kochen bringen. Die Stärkemischung einrühren und die Schokoladenmischung nochmals kurz aufkochen.

Die Tarteform mit dem Teig auskleiden, die Ränder gut andrücken. Mit einer Gabel Löcher in den Teigboden stechen. Die Schokoladenmischung darauf verteilen.

Die Tarte im heißen Ofen (Mitte) etwa 20 Minuten backen. Dann mit Alufolie abdecken, die Temperatur auf 180 °C reduzieren und die Tarte weitere 20 Minuten backen. Aus dem Ofen nehmen und in der Form vollständig abkühlen lassen.

Für den Guss die Kuvertüre über einem Wasserbad schmelzen, dann das Öl unterziehen. Den Schokoladenguss gleichmäßig auf der Tarte verteilen und glatt streichen. Mit der gehackten Schokolade dekorieren.

„CHEESECAKE"-KARAMELL-TARTE

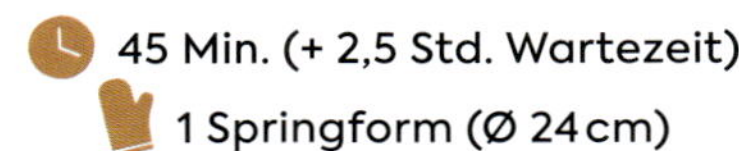

ZUTATEN

BODEN

250 g Kekse nach Grundrezept (siehe S. 14; alternativ Fertigprodukt)
100 g vegane Margarine

FÜLLUNG

20 g veganes Vanillepuddingpulver
4 EL Sojadrink
200 g Sojaquark (siehe Tipp)
40 g Kokosöl
180 g Soja-Schlagcreme

KARAMELL

150 g Zucker
50 g vegane Margarine
25 ml Sojacreme Cuisine

AUSSERDEM

Himbeeren als Garnitur

ZUBEREITUNG

Für den Boden die Kekse im Mixer fein mahlen. Die Margarine in einem Topf zerlassen und gleichmäßig unter die Kekse heben. Die Masse in die Springform füllen, mit einem Löffelrücken gut andrücken und glatt streichen. 30 Minuten im Kühlschrank fest werden lassen.

Inzwischen für die Füllung das Puddingpulver mit dem Sojadrink glatt rühren. Mit Sojaquark und Kokosöl in einen Topf geben und kurz aufkochen. Beiseitestellen und etwa 10 Minuten abkühlen lassen.

Die Soja-Schlagcreme mit dem elektrischen Handrührgerät aufschlagen, die Quarkmasse esslöffelweise untermischen und glatt rühren. Die Füllung auf der Tarte verteilen, 1 Stunde im Kühlschrank fest werden lassen.

Für den Karamell in einem kleinen Topf bei geringer Hitze den Zucker in 1 EL Wasser auflösen und hellbraun karamellisieren lassen; dabei nicht umrühren.

Mit einem Löffel zuerst die Margarine, dann die Sojacreme einrühren. Falls Klümpchen entstehen, ohne Umrühren auf dem Herd stehen lassen, bis alles flüssig ist. (Vorsicht: Karamell ist extrem heiß! Nicht zu dunkel werden lassen, sonst schmeckt er bitter.)

Den Karamell sofort auf die kalte Tarte gießen. 1 Stunde kalt stellen, dann mit den Himbeeren dekorieren.

Tipp

Sojaquark selbst herstellen: Um 50 g Sojaquark zu erhalten, lassen Sie einfach 100 g Sojajoghurt etwa 4 Stunden in einem Geschirrtuch abtropfen.

HEIDELBEERTARTE

 35 Min. (+ 35 Min. Backen + 65 Min. Wartezeit)

 1 Tarteform (Ø 20 cm)

ZUTATEN

BODEN

250 g Mehl (Type 405)
2 gestrichene TL Backpulver
160 g Zucker
1 Prise Salz
120 g zimmerwarme vegane Margarine
3 EL Sojadrink

FÜLLUNG

20 g Pinienkerne
400 g Heidelbeeren
50 g Marzipanrohmasse
30 g Zucker
75 g Soja-Joghurtalternative (Vanille)
70 g Weichweizengrieß
gemahlener Zimt

AUSSERDEM

vegane Margarine für die Form
Hülsenfrüchte zum Blindbacken
Mehl für die Arbeitsfläche

ZUBEREITUNG

Für den Boden alle Zutaten zu einem Teig verkneten und diesen 20 Minuten ruhen lassen.

Den Backofen auf 200 °C (Ober-/Unterhitze) vorheizen. Die Tarteform einfetten.

Zwei Drittel des Teigs in die Tarteform drücken, dabei einen 2 ½–3 cm hohen Rand formen. Backpapier darauflegen, die Hülsenfrüchte auf dem Backpapier verteilen und den Teig im heißen Ofen (Mitte) 10 Minuten blindbacken. Backpapier und Hülsenfrüchte entfernen.

Für die Füllung in einer kleinen Pfanne ohne Fett die Pinienkerne anrösten und beiseitestellen. Die Heidelbeeren waschen und das Marzipan klein schneiden, beides mit Zucker und Sojajoghurt in einen Topf geben und aufkochen. Den Grieß einrühren und nochmals aufkochen. Vom Herd nehmen, 1 Prise Zimt und Pinienkerne unterrühren.

Die Füllung auf die vorgebackene Tarte geben. Den übrigen Teig auf einer bemehlten Arbeitsfläche dünn ausrollen und in etwa 2–3 cm breite Streifen schneiden. Diese gitterförmig auf der Tarte anordnen.

Im heißen Ofen (Mitte) 20–25 Minuten fertig backen. Herausnehmen und mindestens 2 Stunden abkühlen lassen (oder warm genießen; dann etwa 45 Minuten abkühlen lassen).

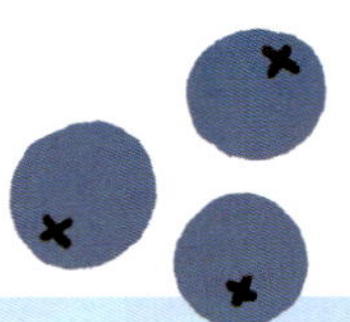

APFELTARTE

30 Min. (+ 30 Min. Backen + 1 Std. Wartezeit)
1 Tarteform (Ø 23 cm)

ZUTATEN

BODEN

- 125 g Mehl (Type 405)
- 25 g Zucker
- 65 g zimmerwarme vegane Margarine

BELAG

- 650 g Äpfel
- 2 EL frisch gepresster Zitronensaft
- 2 EL Zucker
- ½ TL gemahlener Zimt
- 50 g gehackte Mandeln
- 1 EL Paniermehl

AUSSERDEM

- Puderzucker zum Bestäuben
- Soja-Schlagcreme als Garnitur

ZUBEREITUNG

Für den Tarteboden alle Zutaten mit 30 ml Wasser zu einem glatten Teig verkneten. Zu einer Kugel formen, in Klarsichtfolie wickeln und 30 Minuten im Kühlschrank ruhen lassen.

Den Backofen auf 200 °C (Ober-/Unterhitze) vorheizen.

Für den Belag die Äpfel schälen, vom Kerngehäuse befreien und grob in eine Rührschüssel raspeln. Den Zitronensaft, Zucker, Zimt und Mandeln dazugeben und zügig unterheben.

Den Teig aus dem Kühlschrank nehmen und die Tarteform damit auskleiden; dabei auch die Ränder gut andrücken. Das Paniermehl über den Teig streuen, dann die Apfelmasse darauf verteilen.

Die Tarte im heißen Ofen (Mitte) etwa 30 Minuten backen. Dann herausnehmen und mindestens 30 Minuten in der Form abkühlen lassen.

Die Tarte mit Puderzucker bestäuben und in Stücke schneiden. Vor dem Servieren die Schlagcreme aufschlagen und jedes Stück mit einem Klecks garnieren.

Tipp

Die Apfeltarte schmeckt auch warm ausgezeichnet. Servieren Sie sie trotzdem nicht unmittelbar nach dem Backen, sondern lassen Sie sie etwas abkühlen, da die Äpfel im Ofen sehr heiß werden.

SPEKULATIUS-TARTE MIT GEWÜRZORANGEN

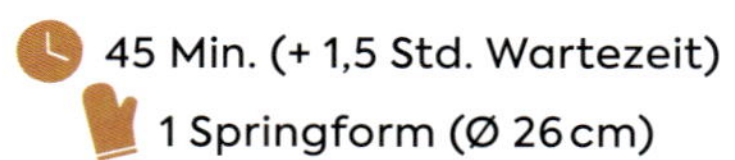

ZUTATEN

BODEN
300 g vegane Spekulatius
120 g vegane Margarine

GEWÜRZORANGEN
4 Orangen
85 g Zucker
80 ml veganer Weißwein
10 g Speisestärke
1 EL Orangensaft (oder Wasser)
1 Msp. gemahlene Nelken
1 Msp. gemahlener Zimt

FÜLLUNG
80 g Kokosöl
300 g Soja-Schlagcreme
1 Pck. Sahnesteif

AUSSERDEM
1–2 vegane Spekulatius als Garnitur

ZUBEREITUNG

Für den Boden die Spekulatius in einem Mixer fein mahlen. Die Margarine in einem Topf zerlassen und gleichmäßig unter die Spekulatius heben. Die Masse in eine Springform geben, mit einem Löffelrücken gut andrücken und glatt streichen. 30 Minuten in den Kühlschrank stellen.

Inzwischen die Orangen mit einem scharfen Messer gründlich schälen. Die Filets herauslösen und in kleine Stücke schneiden.

Den Zucker und den Weißwein in einem Topf zum Kochen bringen und bei mittlerer Hitze etwa 5 Minuten köcheln lassen. In einem anderen Gefäß die Stärke mit dem Orangensaft glatt rühren und unter ständigem Rühren zur Zucker-Wein-Mischung geben. Orangenstücke und Gewürze zufügen und weitere 3 Minuten köcheln lassen. 30 Minuten an einem kühlen Ort erkalten lassen.

Für die Füllung das Kokosöl bei geringer Hitze schmelzen und lauwarm abkühlen lassen. Soja-Schlagcreme mit Sahnesteif aufschlagen, nach und nach das Kokosöl unterrühren.

Nun 2–3 EL von der Gewürzorangen-Zubereitung abnehmen (am besten hauptsächlich Flüssigkeit), den Rest auf dem Tarteboden verteilen. Die Cremefüllung daraufgeben und vorsichtig glatt streichen. Die 2–3 EL Gewürzorangen auf der Füllung verteilen. Die Tarte mindestens 1 Stunde im Kühlschrank fest werden lassen.

Herausnehmen, den Rand der Springform vorsichtig mit einem Messer ablösen. 1–2 Spekulatius grob zerbröseln und den fertigen Kuchen damit garnieren.

KIRSCH-SCHOKO-TARTE

 35 Min. (+ 35 Min. Backen + 2,5 Std. Wartezeit)

 1 Tarteform (Ø 24 cm)

ZUTATEN

BODEN

200 g Mehl (Type 405)
60 g Zucker
1 Prise Salz
10 g Backkakao
110 g zimmerwarme vegane Margarine
2 EL Sojadrink

FÜLLUNG

10 g Speisestärke
350 g Sauerkirschen (entkernt; alternativ TK, aufgetaut und abgetropft)
30 g Zucker
1 Msp. gemahlener Zimt

SCHOKOLADENCREME

200 g vegane Zartbitterschokolade
200 g Soja-Schlagcreme

AUSSERDEM

Hülsenfrüchte zum Blindbacken
20 g Mandelblättchen als Garnitur

ZUBEREITUNG

Für den Boden alle Zutaten zu einem glatten Teig verkneten, in Klarsichtfolie wickeln und 30 Minuten im Kühlschrank ruhen lassen.

Für die Füllung die Stärke mit 2 EL Wasser glatt rühren. Die Sauerkirschen mit der Stärkemischung, Zucker und Zimt in einen Topf geben und alles 5 Minuten köcheln lassen.

Den Backofen auf 200 °C (Ober-/Unterhitze) vorheizen.

Eine Tarteform mit dem Teig auskleiden, alles gut andrücken. Backpapier darauflegen, die Hülsenfrüchte auf dem Backpapier verteilen und den Teig im heißen Ofen (Mitte) 20 Minuten blindbacken. Hülsenfrüchte und Backpapier entfernen, den Teig in weiteren 15 Minuten fertig backen.

Die Tarte aus dem Ofen nehmen, sofort die eingedickten Sauerkirschen einfüllen und das Ganze mindestens 1 Stunde kalt stellen.

Für die Schokoladencreme die Schokolade über einem Wasserbad schmelzen und etwas abkühlen lassen. Die Soja-Schlagcreme mit dem elektrischen Handrührgerät aufschlagen und nach und nach die Schokolade unterheben. Die Tarte gleichmäßig mit der Creme bedecken und mit den Mandelblättchen garnieren. Mindestens 1 Stunde im Kühlschrank fest werden lassen.

Tipp

Je nach Geschmack können Sie die Mandelblättchen vor dem Garnieren in einer Pfanne ohne Fett anrösten. Vorsicht, sie verbrennen schnell.

GLOSSAR

A

Apfelmus schmeckt nicht nur fein, sondern eignet sich beim Backen auch ausgezeichnet als Alternative zu Eiern.

B

Backpulver: 1 Päckchen Backpulver enthält etwa 15 g und reicht für 500 g Mehl. In den Rezepten dieses Buches fasst 1 gestrichener TL 3–4 g Backpulver und 1 leicht gehäufter TL etwa 5–6 g. Wenn Sie die Größe Ihrer Teelöffel überprüfen möchten: 1 Päckchen Backpulver sollte 4 gestrichene TL ergeben. Ich empfehle statt herkömmlichem Backpulver Weinsteinbackpulver. Es enthält kein Phosphat und ist milder im Geschmack. Hier jedoch stets auf die Packungsgröße achten, diese kann bei Weinsteinbackpulver nämlich variieren.

Blindbacken soll verhindern, dass der Teig durchweicht, wenn die Füllung schon vor dem Backen dazukommt. Der Kuchen bzw. die Tarte wird daher zunächst ohne Füllung vorgebacken: Man bedeckt den rohen Teig mit einem Bogen Backpapier und füllt getrocknete Erbsen, Bohnen oder Kichererbsen hinein; so bleibt der Kuchen flach und die Ränder behalten ihre Form. In einem zweiten Durchgang wird der Teig – mit oder ohne Füllung – fertig gebacken.

Butter: siehe Margarine

Eier dienen als Bindemittel und sorgen in manchen Teigen für Lockerheit. Als Ersatz verwendet man am besten Sojamehl und Wasser: 1 EL Sojamehl + 1 EL Wasser entsprechen 1 Ei. Alternativen sind fertige Ei-Ersatz-Pulver, Apfelmus oder reife Bananen.

F

Fett: siehe Margarine, Öl

G

Gewürze: Durch Gewürze lassen sich Kuchen und Torten wunderbar aromatisieren und variieren. Besonders intensive Aromen erhalten Sie, wenn Sie die Gewürze vor der Verwendung in einer Pfanne ohne Fett etwas anrösten.

Götterspeise: Einige Hersteller bieten mittlerweile als Alternative zur herkömmlichen Götterspeise eine Instant-Variante an, die laut Angaben ohne Gelatine und somit vegan ist. Eine geeignete Marke ist RUF.

H

Hefe: Teige mit frischer Hefe gelingen mir bedeutend besser als jene mit Trockenhefe. Es gibt jedoch geschmackliche Unterschiede: Je dunkler der Hefewürfel aussieht, desto intensiver schmeckt man die Hefe heraus. Ich persönlich bevorzuge daher die hellere Frischhefe. Klarer Vorzug von Trockenhefe: Sie lässt sich viel länger aufbewahren als frische Hefe.

K

Kakaopulver zum Backen (auch **Backkakao** genannt) ist bitter und sehr schokoladig. Es eignet sich wunderbar zur Verwendung in Kuchen und Torten. Nicht verwechseln darf man es mit den diversen Getränkepulvern für heiße Schokolade, die zumeist Zucker enthalten.

L

Lebensmittelfarben: Achten Sie darauf, vegane Farben zu kaufen. Gerade bei Rottönen ist Vorsicht geboten, da sie Echtes Karmin (E120) enthalten können. Am besten eignen sich nach meiner Erfahrung Gelfarben (ich selbst benutze die Farben der amerikanischen Firma Wilton). Sie sind hochkonzentriert und beeinträchtigen nicht die Festigkeit des Teigs, wie flüssige Farben das tun. Für das Einfärben von Teigen, wasserbasierten Cremes und Tortengüssen benutzt man wasserlösliche, für das Einfärben von Schokolade fettlösliche Lebensmittelfarben.

M

Margarine ist nicht immer zwingend vegan – herkömmliche Margarinen können tierische Zusatzstoffe wie zum Beispiel Molke oder Fischöl enthalten. Für meine Rezepte verwende ich vegane Margarine.

Milch: siehe Sojadrink

Mineralwasser mit Kohlensäure: Durch die Kohlensäure wird der Teig luftiger und leichter.

N

Nüsse sind nicht nur eine sehr schmackhafte Kuchenzutat, sondern enthalten viele gesunde Fette und Vitamine.

Öl macht den Teig geschmeidig, weich und locker. Verwenden Sie für süße Backwaren immer geschmacksneutrale Öle wie Rapsöl, Sonnenblumenöl oder Distelöl. (Vorsicht: Manche Bio-Pflanzenöle haben im Gegensatz zu ihren nicht biologischen Pendants einen kräftigen Eigengeschmack.)

Paniermehl nutze ich nach dem Einfetten der Backformen zum Bestreuen. So lassen sich Backwaren nach dem Abkühlen problemlos vom Boden lösen. In manchen Rezepten wird das Paniermehl auch auf den Teig gestreut, weil es die Feuchtigkeit von Früchten und nassen Belägen bindet. Vorsicht: Auch Paniermehl ist nicht zwingend vegan.

Plunderteig: Die Basis für Plunderteig bildet ein „kalt geführter" Hefeteig, dem auf besondere Art – ähnlich wie Blätterteig – Fett (in unserem Fall: vegane Margarine) zugeführt wird. Der Teig wird in mehreren sogenannten „Touren" bearbeitet, d. h. er wird über der Margarine eingeschlagen, muss im Kühlschrank ruhen und wird dann wieder ausgerollt. Das Ergebnis ist fein, blättrig und knusprig.

Quark (auch: Topfen) ersetzt man durch Sojaquark oder Seidentofu (siehe dort).

Schlagcreme ist die vegane Variante von Schlagsahne. Ich arbeite mit der Soja-Schlagcreme der Marke Soyatoo. Aufgeschlagen hat sie nach meiner Erfahrung die beste Standfestigkeit und liefert in Verbindung mit Kokosöl die besten Ergebnisse. Ob Sie anstelle der Soja-Schlagcreme die Kokos- oder die Reisvariante verwenden, ist aber auch Geschmacksache. Probieren Sie es am besten selbst aus.

Seidentofu ist eine weiche Variante von Tofu und lässt sich anstelle von Quark verwenden.

Sirup: Nicht alle Sirupe sind vegan. Die meisten Sirupe des Herstellers Monin eignen sich aber für veganes Backen.

Soja-Schlagcreme: siehe Schlagcreme

Sojacreme zum Kochen verwende ich in veganen Rezepten statt Creme fraîche und Ähnlichem, um Speisen zu verfeinern. Sie lässt sich nicht aufschlagen. Am liebsten nehme ich die Sojacreme von Alpro oder Provamel. Es gibt für den gleichen Zweck auch Hafer- oder Reiscreme.

Sojadrink ist die offizielle Bezeichnung für Sojamilch. Welche Marke Sie verwenden, ist eine Frage des Geschmacks. Ich selbst mag den süßlichen Sojageschmack nicht so sehr und bevorzuge deshalb für puddingbasierte Cremes oder Kuchen mit hohem Sojadrink-Anteil den ungesüßten von Alpro. Er ist zwar etwas teurer, aber das zahlt sich meiner Meinung nach am Ende aus. In Kuchen, für die nur wenige EL Sojadrink benötigt werden, spielt dagegen die Marke eine geringere Rolle. Alternativen zum Sojadrink sind – je nach persönlicher Vorliebe – Hafer- und Dinkeldrinks; sie schmecken „getreidiger". Mit Geschmacksrichtungen wie Nuss-, Vanille oder Schokodrinks lassen sich meine Kuchen und Torten ebenfalls wunderbar variieren.

Sojaquark kann man mittlerweile in vielen Supermärkten kaufen – er ist aber auch sehr einfach selbst herzustellen: Man lässt Sojajoghurt in einem Geschirrtuch bei Zimmertemperatur abtropfen. Nach etwa 4 Stunden halbiert sich die Grammzahl des Sojajoghurts und der gewünschte Sojaquark ist fertig. 100 g Sojajoghurt ergeben 50 g Sojaquark.

Stäbchenprobe: Mit der Stäbchenprobe kann man ganz einfach feststellen, ob ein Teig durchgebacken ist. Dafür nimmt man einen Zahnstocher oder ein Holzstäbchen und sticht damit an mehreren Stellen in den Kuchen. Bleiben beim Herausziehen keine Krümel haften, dann ist der Kuchen fertig gebacken.

Tonkabohne ähnelt geschmacklich der Vanille und passt wunderbar zu Kokosraspeln und Ähnlichem. Man reibt die Tonkabohne wie eine Muskatnuss.

Topfen: siehe Quark

Tortengusspulver war früher nicht immer vegan, da es oft Gelatine enthielt. Das hat sich mittlerweile geändert: Helles Tortengusspulver ist fast immer vegan, nur das rote enthält oft Echtes Karmin (E120).

Touren: siehe Plunderteig

Vanille: Hier hat man die Wahl zwischen Vanilleschoten (botanisch korrekt wäre „Vanillestangen") und Vanillezucker. Die Vanilleschoten schlitzt man längs mit einem scharfen Messer auf und kratzt das Mark heraus. Oder man kocht sie aus. In beiden Fällen bekommt man ein feines, intensiv schmeckendes Resultat. Vanilleschoten sind nicht ganz billig, können aber über längere Zeit immer wieder verwendet werden. Die preiswertere Alternative ist Vanillezucker. Er lässt sich auch herstellen, indem man in einem verschlossenen Haushaltsglas eine Vanilleschote in Zucker einlegt.

Zucker: Ich verwende meist deutschen, raffinierten Haushaltszucker. Er ist laut Herstellerangaben vegan. Gesünder als raffinierter Zucker ist Rohrohrzucker, der aus Zuckerrohr gewonnen wird. Er schmeckt etwas karamellig und enthält noch wichtige Vitamine. Vorsicht: Manche Zuckersorten, insbesondere aus dem Ausland, werden mit Tierkohle entfärbt (geweißt) und sind somit nicht vegan.

REZEPT-REGISTER

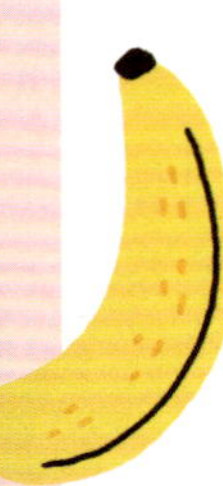

H

K

ÜBER DIE AUTORIN

Kati Neudert arbeitet seit 2004 als freiberufliche Fotografin mit Spezialisierung auf Foodfotografie und lebt mit ihrer Familie auf einem ehemaligen Bauernhof in einem kleinen Dorf in der Nähe von Jena. Nach zwei Jahren als Vegetarierin entschied sie sich Anfang 2010 aus ethischen Gründen für eine vegane Lebensweise. Mit ihren unwiderstehlichen Backrezepten stellt sie unter Beweis, dass eine vegane Ernährung nicht Verzicht bedeutet, sondern großen Genuss – mit einem guten Gewissen. Man findet Kati auf ihrer Website www.katineudert.de sowie auf Instagram @kati.neudert.